調査の科学

林 知己夫

筑摩書房

目　次

はじめに

序　章　社会調査の心 ……………………………… 13
　　　　血のしたたる体験　13
　　　　調査への確信と情熱　15

第1章　社会調査の論理 ……………………………… 19
　　　　調査の論理　19
　　　　操作的と論理的——調査の2つの柱　20
　　　　調査は実態ではない　23
　　　　測られたものの意味　24
　　　　調査の2つの立場　26
　　　　調査の評価は何で決まるか　28
　　　　計量診断とふつうの診断　29
　　　　一度で正しいデータは得られない　32
　　　　社会調査は一つの道具　33
　　　　問題発見の論理　34
　　　　仮説‐検定の限界　36

第2章　調査の基本——標本調査の考え方 ………… 39
　　　　対象は集団　39
　　　　調査対象を決める　41
　　　　ユニバースと母集団　43
　　　　全数調査か抽出調査か　46
　　　　抽出標本調査の利点　49
　　　　標本のえらび方——ランダム・サンプリング　50

　　　　　層別標本抽出法とクォータ法　52
　　　　　標本はどこまで母集団を代表するか
　　　　　　　──推定の精度　55
　　　　　やたらに標本をふやすのは無意味　60
　　　　　信頼度はどうとるべきか　62
　　　　　標識の表現──算術平均と分散　64
　　　　　平均と分散から何がわかるか　68

第3章　質問の仕方の科学 …………………… 77
　　　　　4種類の質問法　77
　　　　　質問の性格を知る　79
　　　　　「賛成」と「反対」の真の意味　83
　　　　　オハジキは語る　87
　　　　　回答に表われる国民性　92
　　　　　憲法改正をめぐる意識　96
　　　　　社会調査にそぐわない問題　100
　　　　　質問と回答結果のゆがみ　102

第4章　調査実施の科学 ……………………… 107
　　　　　調査員による誤差　107
　　　　　調査不能の分析　109
　　　　　調査実施率80％が目標　111
　　　　　今日の調査の現場の人の意見に答える　114
　　　　　電話調査の問題　117
　　　　　疑似ランダム・サンプルの問題　118
　　　　　クォータ法の見直し　119

第5章　データ分析のロジック ……………… 121
　　　　　データの持つ誤差のまとめ　121
　　　　　有意の差ということ──統計的検定論　122
　　　　　分析のおとし穴　124

　　　　部分集団の意見の重要性　126
　　　　売れるステレオのつくり方　128
　　　　典型的な日本人の意味　130
　　　　推論のおとし穴　133
　　　　多次元的分析を！　139
　　　　考えのすじ道を追う　141
　　　　測定のための標識と分析のための標識　142
　　　　大切な継続調査　150
　　　　ある世代の考え方——コーホート　156
　　　　国際比較調査は意識調査の宝庫　158
　　　　日本人の考え方と西欧の考え方　161
　　　　人はいつも同じ答えをするか
　　　　　　——回答確率の問題　165
　　　　考えのすじ道と確率的な回答　170

第6章　調査結果をどう使うか　………………………　173
　　　　社会調査は市場調査の土台　173
　　　　費用効果を重視する市場調査　175
　　　　市場調査固有の方法の活用　177
　　　　調査には一定の性格がある　180
　　　　調査のメリットと限界　182
　　　　テレビ視聴率の意味　184
　　　　予測は可能か　189
　　　　調査データは社会を示すメータの読み　191

　関連参考図書　196

　解説　データの科学の真髄（吉野諒三）　　199

調査の科学

はじめに

　本書は『調査の科学』というタイトルであるが，ひと口に調査といってもその範囲はきわめて広い．とてもすべてをおおうことは不可能である．そこで社会調査というものに焦点をしぼって考えることにした．"調査で社会を見，思い，考える科学"という意味である．これでも問題は多岐にわたり過ぎる．そこで，多くの問題点をはらんでいる意識調査を取り上げて，科学としてのあるべき姿，その考え方を示してみることにした．問題が限定されてせまいようであるが，ここで取り上げた問題点，それを取り扱う考え方は，多かれ少なかれどのような種類の調査をするにしても，基本的なものとして考えねばならないところである．

　ここでは，社会調査の根底にある統計数理の考え方など，通常の基礎的な社会調査の技術的教科書に書いてあるようなものはそちらにゆずり，いちいち説明することはできるだけ避けた．避けられないものは当然ふれることになったが，それは意識調査の疑問として今日なお指摘されているものへの，今日的回答というつもりで書いたものである．かつて意識調査で重要なものといわれていた「わか

らない，DK（don't know）回答」つまり"答えない層"の問題は，今日そう重要なものと思えなくなったのであえて割愛した．これに関連して政治意識の問題で，今日なお意味があるものについても，特殊な問題であるし，最近，別にくわしく書いたものがあるので（『日本人の研究6，日本人の政治感覚』至誠堂）ふれなかった．

　本書の中心は，今日，調査の科学として重要と思われる考え方や方法についてである．これまでの定本的教科書に書きづらいことにも焦点を当てた．これらの多くはよって立つ「科学基礎論的立場」を無視しては書けない問題である．このため，"私の立場"というものがあまりに強調され過ぎているかもしれないが，この点はお許しいただきたい．調査の科学は完成しているものでなく，試行錯誤のうちにつくられつつあるものである．調査は現実に生かされ用いられているうちに，しだいに完成度の高いものになってゆくのである．

　また，本書を書くことになってから多くの年月がたち，私の考え方もその間に変わってきた．最初に考えたものと，かなり形がちがったものになっている．

　なお本書は，講談社科学図書出版部の小枝一夫氏の情熱と忍耐なしには存在しなかった．私がいろいろ意見を述べ，彼が読者の立場から疑問を投げかけ，私がこれに答える．わかりにくいといえば，かみくだいてしゃべる．これを彼がまとめあげ，私がそれを読んで気に入らぬところは修正する，という合作の形でできあがったものである．

これまで私の書いたものと差がありとすれば，この点である．いままでは，私の立場から私の考えをぐいぐい押し込んで行ったのであるが，こんどは読者の側に立つ編集者のフィルターを通して，読者にわかりやすい形で書かれた私の考え方ということになる．心から感謝の意を表するものである．

　1984年5月

　　　　　　　　　　　　　　　　　　　　　林　知己夫

序章　社会調査の心

血のしたたる体験

 もう40年も昔のことになる．第2次大戦のさなか，学校で習った数学しか知らない私は，陸軍航空本部に属し，航空作戦のための情報収集と解析に当たることになった．ドイツで試みているという情報を手がかりに，当時スタートしたばかりの今でいうオペレーションズ・リサーチ（戦略研究）の班に配属され，事始めよろしくアメリカ軍機の空襲パターン，上陸作戦の予測などを右往左往しながら行っていたのである．

 ちょうど戦局が悪化し，B29の空襲が始まった頃で，マリアナ基地からの来襲機数を経時的にグラフにとっているとほぼ一定水準を上下し，経験的に保有機数のうち何機が出動できるかという実動率がわかる．ところがある日，突然，来襲機数がそれまでの水準を上まわった．その後またもとのレベルにもどるが，2週間たつと来襲機の数がそのもとのレベルより1段上のレベルに上昇する．このデータを解析してゆくと，急に来襲機数がふえたときに新しい部隊が到着し，一度試みに出撃したあと整備・訓練に約2週間を使い，それから本格的に出撃態勢に入ることが推

測される.

　この推測は捕虜からの情報によって確認されたが，来襲機数の変化という数字のデータに正しい解析を加えれば，短期的には来襲機数の予想ができ，また長期的には本国での生産機数の推測を行い，部隊編成に要する期間を考えに入れれば，いつ頃どれくらいの規模の来襲があるかの予想ができることがわかった．この解析結果にもとづいて防空計画がたてられるのだから，私たちがデータの解析に文字通り死にもの狂いで取り組んだことはいうまでもない.

　さらに戦局が悪化し，体当たりによる神風特別攻撃隊の作戦が始まると，初期の戦果をもとに体当たり攻撃の方法——急降下攻撃か低空横腹攻撃か——による攻撃成功率の割り出しを行った．特攻作戦開始初期の頃は，パイロットの技量がすぐれていたこともあり，モデルをたてて計算したり，データ分析を慎重に行ってみると，50〜60%の高い命中率を示し，攻撃方法としては船の進行方向からする急降下攻撃がもっとも効果的であることがわかってきた．生死をかけた第一線ではない内地の航空本部での机の上でのデータ解析であるが，そのデータは生命を賭して散華した先発の特攻隊員が与えてくれたものであるし，その解析結果は，あとにつづく特攻隊員の死が目的完遂にむすびつくか否かを左右する.

　結局，こういった個々の努力も，敗戦への大きな流れを変えようもなかったわけだが，漫然と見れば見掛け上は単なる数字の並びにしか見えないデータが，実は人間の尊い

	対 抗 手 段	命中率 (%)
急降下攻撃	横腹を向ける	17
	腹を向けない	73
低空横腹攻撃	横腹をみせる	67
	蛇行で腹をそらす	45

(Methods of Operations Research, 1951)
表1 特攻機の攻撃方法と命中率

血であがなわれていること,そしてそれにもとづいた現象分析の結果が人命を左右する凄絶なものであることを,身をもって知ったのである.

調査への確信と情熱

特攻機の攻撃分析については後日談がある.敗戦後,アメリカで出版された《Methods of Operations Research》という本に,特攻機の命中率の解析結果が出ており,それは私たちの戦時中の分析結果とほぼ同じだった(表1).戦後の虚脱と混乱の中にいた私は,この事実から調査・統計的方法の科学としての冷厳な正しさを改めて認識させられた.「データの質を重んじ,正しい手法で解析すれば必ず正しい結果が出る.統計とはすごいものだ」と…….

『調査の科学』と題するこの本の最初に,あまりにも個人的な昔話をしてしまったかもしれない.だが私は本論に入る前に,まず私自身が調査についてどのような姿勢で取

り組んでいるかを明確にしたかったのである．それはひと口にいうと「調査という道具で社会を見たり，考えたりする」という立場である．

複雑でかつ常に変化している社会をとらえるには，さまざまなやり方があるだろう．ある人は哲学的に，ある人は文学的に，またある人は経済的な立場から社会にアプローチし，それぞれの社会像を描き出す．その一つだけが正しい方法ではなく，それぞれがある限られた断面で社会を把握していることはいうまでもない．私の場合，"調査"が社会へのアプローチの手段なのである．したがって『調査の科学』と題するよりは，あるいは『社会調査の科学』といったほうがよいかもしれない．

社会調査は社会を把握するための一つの方法であるが，その守備範囲は実に広く深い．社会調査の根底には"調査の論理"がある．実際の調査はこの論理を突きつめ，活用してゆくことになるが，それを行うのはあくまで人間にほかならない．そして調査を行い活用する人間に要求される根元は，調査に対する情熱である．ではどうすれば，調査に対し情熱を持つことができるだろうか．人は自分で信じないものに，自分の情熱を傾けることはできない．だから調査への情熱を持つには，その前提として調査が本当に役立つものであることを確信しなければならない．

私の場合，先に述べた戦争中の血のにじむ体験から調査の有効性に対する確信を持つようになり，それが今にいたるまで調査の研究の方向づけとその実行を進める原動力と

なってきた．この確信は，本を読んだり人から教えられた理屈からは生まれるものではない．どんな小さな調査でも自分でやってみて，その結果が本当に役立ったことを実際に体験することが，絶対的に必要である．

　市場調査にもとづく販売予測でも，あるいは調査結果を土台に新しく立案した販売促進策でもよい．調査によって新しい情報が得られ，それを活用したら効果があった，それなしには何も得られなかった，データが悪く解析がまずければ情報がないし，データがよく解析が巧みであれば大きな成果があがった，という迫真の経験が大切なのである．調査は空理空論ではなく，あくまで実際的効果を得ることに目標があるのだから……．

第1章　社会調査の論理

調査の論理

　社会調査の一つに，支持政党や内閣支持率を調べる世論調査がある．その時のデータの取り方としては，調査員が調査対象の個人に会って質問し，その答えを決められた用紙に書き入れる面接方式と，質問用紙をくばって答えを記入してもらい，それを回収するアンケート方式の2つの方法が一般にとられている．

　このようなやり方に対して，「こんなことで本当に正しい答えが得られるのか」という根強い批判があり，ひいては世論調査の有効性そのものへの疑問を投げかける声がたえない．たしかに見ず知らずの人に突然，質問されて正直に答えられるかどうか．常日頃それほど真剣に考えたこともない問題にイエス，ノーで答えろといわれてもすぐ判断できないことが多い．また，その問題の背景をよく知り十分考えたうえで答えた人と，ほんの思いつきで答えた人の返事が同じで，データのうえからはその区別ができないのも，事実である．世論調査は浅薄なことしかわからない，という不信感が消えないのも，まことに無理のないことである．

私自身，世論調査の仕事をはじめてやれといわれた時，「所詮，世論調査では本当の世の中の姿はわからないのではないか」と，思っていた．しかし実際にやっているうちに，"調査の論理"というのはそんなことではない，ということがわかってきたのである．

ある質問を発して何がしかの回答が返ってくる．その答えそのものが回答者の真の意見を表わしているかどうかはわからない．しかしその質問に対してその人がある答え方をした，という事実が集団的に積み重ねられる．あるいはある集団の中の個人の表現された意見がこうであった，ということは厳然たる事実である．この事実をとらえてゆくことが，社会を見るための一つの指標—— index インデックスに十分なり得る，というのが私が体験から得た結論である．

一人ひとりが回答に示されたように本当に思っているか，思っていないかはわからない．だからこそ，ある測定手段で測ってみる．そしてそれが何を意味するかは，世の中の動きにあわせることによってわかってくる——．これが調査の論理である．

操作的と論理的——調査の2つの柱

調査員の質問に対する答え，あるいはアンケート用紙への書き込みは，質問の仕方，質問項目の並べ方を含め，ある特定の測定方法に応じて答え，つまりデータが集められたことにほかならない．こうみてくると，世論調査で得ら

れたデータは，ある操作によって測定されたもの，といえる．これを私たちは「操作的」と呼ぶ．

英語でいえば operational ということである．一般の方々にはあまり耳なれない言葉かも知れないが，近代科学を支える概念の一つでもある．つまり「測定なくしてデータなし」という言葉があるように，この世界には絶対的なデータがあるわけではなく，測定手段があってはじめてそれに応じてデータが入手できる，ということである．

"時間のパラドックス"などで広く一般の人びとの興味をひく相対性理論にしても，完全に操作的に時間を取り扱っている．絶対的な時間があるわけではなく，物理的測定方法によって時間を測定して，世界観をくつがえすような論理を構築している．身近な気象データも，たとえばわれわれは気温を摂氏温度計で測るし，アメリカでは華氏でデータをとる．台風については，気圧，風速，風向，気温，雨量，進行方向，進行速度などのデータを集めて，台風予報に役立てているが，目的によれば別の調査手段による別のデータを集めることもできるはずである．

サラリーマンにとって気になる勤務評定でも，企業によりそれぞれ独自の評定のための基準がつくられており，かつそれにもとづいて判定を下すのは，管理職という個人の判断にほかならない．ここに絶対的な評価があるわけではなく，管理者が異なれば別な評価が下される．まして同じ一人のサラリーマンが職を変えたり，仕事を変えた場合，今まで落ちこぼれだった人が一転すばらしい働き手と評価

されたり，あるいはその逆のこともあり得るわけである．

また現在，教育界だけでなく，社会全体でも問題視されている，生徒の学力の偏差値も，統計的手法の偏差値という，もっとも操作的な手段によって段階づけをしているのであって，対象の学生・生徒の全人格を評価しているものでないことはいうまでもない．本来，限られた意味しか持たない偏差値を，絶対的なものとして扱い勝ちなところに，深刻な問題があるのである．

われわれは操作を加えることによって，はじめてデータを得ることができ，それをもとに考えることができる．つまり社会調査でいえば，調査手段を介して意見がとられ，その意見が何を意味するかということをみつめてゆけばよい．そうすれば社会についての一つの指標が得られることになる．これにはデータを集めると同時に，得られたデータを文字通り論理的に分析し，データを積み重ね，データの中から過不足なく必要な情報をくみ出してゆくことが必要なのである．

ひと口にいうと，調査に当たってはデータを取るほうが"操作的"であり，データを分析するのは"論理的(ロジカル)"ということになる．これは調査を支える2つの柱ともいうべきことで，操作的にデータをとることを design of data，論理的にデータを分析することを analysis of data という．

この2つの柱を土台に調査をやってみると，はじめ浅薄と思われ，実際の役に立たないのではないかと思われた

調査結果が，実に深い意味を持ち，社会の指標に十分なり得ることがわかってくる．

調査は実態ではない

ここで忘れてならないのは，調査の結果は"実態"を表わしているのではない，ということである．たとえば新聞などによく出る政党支持調査の結果は本当に何を意味しているのだろうか．「あなたは何党を支持しますか？」という質問を出して，自民党〇〇％，社会党〇〇％という数字が出る．一方，「あなたは何党が好きですか？」という質問に対しては，やや異なった結果が出るのがふつうである．

「支持する」と「好き」とは意味がちがうから，あたり前だといわれるかもしれないが，ではどちらの概念が真の政党支持率を示すかといわれれば，返答に困るだろう．調査の結果があくまで実態であると考えると誰でも困ってしまう．しかし，政党支持調査を何のためにやるか，という立場に立てば，調査結果の持つ意味ははっきりしてくる．ある政党の支持率が増加傾向にあればその政党はのびてくるし，下がれば政党は力がなくなり，それは政党により異なるが選挙の結果に一定の仕方で反映してくる．その意味で政党支持率は政局の行くえをみるための一つの指標であって，何人の人が支持し，何人が好きだったという議論は意味がない．政治状勢の指標としては，「支持する」も「好き」も同じ傾向のことを表わしていると考えてよいこ

とが，分析されてくる．

しかし現実にはこの操作的なデータによって得られた指標を実態と誤って受けとっている傾向が強い．ある調査である政党の支持率が55%と出ると，本当に55%の人が支持していると受けとる．しかし本当はこの55%という数字は，世間の人々のかなりの部分，まあ半数以上が支持しているようであるという指標にしか過ぎない．質問の仕方を変えればまた別の数字が出てくるかもしれないのである．

極端にいえば，質問の仕方によってさまざまな数字が出てくる．そのうちのどれが本当かというとわからない．こういう聞き方をしたらこういう数字が出，また別の質問の仕方ではこういう結果が出た，という"動き"が大切なのである．もし質問の仕方で回答結果の差がはげしければ，まだこの問題（たとえば憲法改正問題に対する考え）に対して一般の人びとの考えがかたまっていない，"動き"があまりなければ一定の傾向がある，と考えるべきである．

測られたものの意味

調査は実態ではない，ということは今までの説明でもわかりにくいかもしれない．そこでちょっと他の社会科学と比べてみよう．たとえば経済学は，調査と対照的に実態論的抽象概念のうえに立っている．経済学でいう「国富」という概念は，国の富があるという考えからスタートする．しかしどうして国富を測定するか，という具体的な話にな

ると困った問題が持ちあがる．まず国富の定義がなければ測定はできない．そこでたとえば「1年以上もつ耐久消費財」という定義を与えたとしよう．

この対象には各家庭にあるカナヅチや研究所の片すみでほこりをかぶっている古いコンピュータが含まれてくるかもしれない．カナヅチ1本1000円として2500万世帯で250億円になる．カナヅチ1本をこの定義に入れるか入れないかだけで国富を測定する場合，250億円の差が出ることになる．また古くて使用されていないコンピュータの実際の価値はゼロだが，再調達価格で算出するとすると，何千万円にもなり，ここでも大きなちがいが出る可能性がある．

このように国富という概念は実態論に即しているものの，現実の立場に立つとまことにとりとめがない．調査のために定義し，操作的に取り扱おうとすると，果たしてそれが経済学の概念としての国富を正しく表わしているかどうか，はなはだ疑問の数字が出てくる．国富だけでなく需要，供給，物価など経済学で扱う対象はみな同じ性質をもつ．操作的な定義では100％とらえ切れないのに実態としてそれらがある，と思っているのである．だから経済学は近代科学的な自然科学的な方法を確立しにくい，といってもよいかもしれない．

自然科学的方法では，測定の内容と理論における概念が一致している．「力」を測ろうとすると，cgsの単位で決まっている．ところが「心理学的な力」，たとえば購買心

などは定義の仕方が無数にあるし,物価という概念に対してもそれを完全に表わす一つの定義はない.とはいっても何らかの方法で表わさなければ取り扱えないので,現実にはある定義を与え,操作的にデータをとっている.問題なのは手段は操作的なのに,あたかもそれですべてが把握されてしっかりした実態があると考えているところに,データに根ざす社会科学のおとし穴があるように思われる.

こうした実態論的な経済学・社会学に対し,われわれのやっている調査の立場は根本的にちがう.あくまで一定の方法で測定して得られたものを扱うのであって,それがすべてを表現するという実態論ではないのである.だから調査では測られたものが何を意味するかを必ず対応づけて考えてゆかなければならない.たとえば,ある意見に賛成なら賛成という測定結果が時期的にみて変化するかしないかを考える.変化しなければ世の中は変わらないだろうし,ある種の意見がふえればどのような方向に世の中が変わるか,といった見方ができる.社会の実態そのものではなく社会の変化の指標として,調査結果を使おうという立場である.

調査の2つの立場

市場調査（マーケット・リサーチ）は新製品が売れるか売れないか,この人は物を買うか買わないかを知るために行う.選挙前の調査は,端的にいって誰が当選し誰が落選するかという当落予測をねらいとする.テレビの視聴率調

査も今後の視聴率アップをはかるための条件を知る一つの手段にほかならない．このように調査の目的には，調査の結果を土台に，これからあとどうなるかを予測する場合がある．

予測だけでなく調査によって特定のことを知ることが目的である場合，専門的に**"外的基準がある"**という．われわれが調査で何かを知り，これからどうなるかを予測する．この"予測したい"ことが外的基準である．あることを知りたい，あるいは予測したいというのが目標だから，予測が当たるか当たらないかで調査の成功不成功が決まるし，知りたいことがわからない調査は失敗ということになる．これが調査を行う第1の立場であるが，調査にはもう一つ別の立場がある．

ある調査をやってみた．この場合，第1の立場のように特定の知りたいことや予測をしようというねらいはない．だが，集まったデータの中に何か役に立つ情報はないだろうか，と考えてみる立場である．これを第1の立場の"外的基準がある"に対して"外的基準がない"という．この2つの立場は調査を行ううえでの2つの基本的な立場で根本的に異なる．ただ，一つの調査でも，予測したいことがあれば予測に役立つようデータを評価して予測を行い，予測という外的基準がない場合は，同じデータから何かの知識を引き出すという第2の立場に立つこともできる．

調査の評価は何で決まるか

第1の立場——外的基準のある場合——は，先に述べたように知りたいことがわからなければ価値がない．勝ち負けがはっきりしていてまことに明快で見解の相異などは起こり得ない．いくら理屈をいっても選挙予測の場合は当落が当たらなければダメなのである．では予測をしたり，目的とする特定の知識を得るには何を手がかりとするか．その手がかりは調査のデータそのものであり，ふつうこれを**要因**といっている．そして要因を総合して予測をたてることになる．過去のデータで要因と外的基準を調べておき，外的基準をもっとも満足させるように要因の総合に努めるわけである．こうして，外的基準と要因とを関係づけてできあがった予測方式を次の予測に使う．つまり調査で要因を調べあげ，このデータを予測方式に当てはめて，こうした要因をもつ現象はこうなると予測をたてることになる．外的基準の要因による予測である．

第2の立場は，はじめから「……したい」という外的基準がないのだから，あるのは調査データ，つまり「要因」だけしかない．ここから何かの情報をくみ出すために行う第1の作業は，データの中から似たものを集めることである．"似る"という定義もさまざまあるからある立場を定めてデータを仕分けすることを考える．このために統計数理の方法をくふうする．そしてできた仕分けの内部において類似点を，外部において非類似点を見出してくれば，何らかの情報になる．生物学でも分類から始まるよう

に，いわば分類学の段階である．

そして分類から情報をくみ出すわけだが，そのもとの立場のとり方は人によってちがう．だから同じデータ（要因）からの情報の引き出し方は，人によりさまざまなちがいが出てくる．しかし立場そのものははっきり決められるものであるから，その分類をお互いに比較することができる．Aという人の分類とBという人の分類を比べて，そこから得られる情報はどちらが多いか，という評価ができる．よりくわしくいうと，各々の分類をもとに仮説をたて，どちらの仮説のほうがより豊かな結果を導くか，によって勝負が決まる．

結論的にいうと，調査には，①知りたい情報を当てるための調査，②仮説をたてるための情報をくみ出すための調査，の2つがあるわけである．前者の答えは当たるか当たらないかだから，すぐ結果が出る．地震予知であればある前兆で地震予知ができるか，できないか，のようなものである．これに対し，後者の調査の結果は，すぐには結果が出ない．将来もはっきりしたよし悪しの結果は出ないが，どちらがよりよいかは将来の検証によってわかってくる．地震予知でいえば，たくさんある情報のうちから予知のための仮説をさぐり出し，どういう形の情報が予知に役立つかを引き出し，要因を明確にするための調査である．

計量診断とふつうの診断

医学を例にとるとすると，第1の立場——外的基準が

ある場合——は、コンピュータを使った計量診断と治療にたとえられるだろう。計量診断では、さまざまな検査結果、つまり客観的な計測によるデータ（要因）をコンピュータで処理し、それがすぐれた臨床医が過去に決定した病名に当てはまるかどうかを推定する形で診断する。一見、コンピュータが診断しているようにみえながら、データを集めてそれがエキスパートの診断という外的基準に合うか合わないかを決めているのである。また、いったん診断が下され治療を行う場合は、こういう病気にはどういう治療法、薬剤がもっとも効果的かを過去の蓄積から割り出し、実施する。いずれの場合も、調査の結果（検査の積み重ねと分析）は、お手本となる病名にうまく合うかどうか、あるいは治療の結果がよいか悪いか、で評価される。

これに対し第2の立場——外的基準がない場合——は、ふつうの内科医が個々にやっている診断を思い浮かべればよい。"計量診断"と"診断"とは一見よく似た言葉だが、一般の内科の診断では、計量診断の際あった"すぐれた臨床医の診断による病名"という決まったお手本はない。各医師は手元の審査結果（測定データ）を分類し、似たものを集める。あるいは、測定データの間に成り立つ関係（釣り合い）がどうなっているかをみて行く。そのデータの間の釣り合いに正常者の場合とちがったものがあれば、何か故障が起きているとみるわけである。正常者からみれば一種のアンバランスであるが、そのアンバランスの様相が患者によって異なって現われてくる。相似たアンバランス

──あるいはその患者群にとっての一つのバランスという見方もできる──のデータ群（つまり患者）が集められてくることになる．この作業にコンピュータを使うことは当然ある．ここでいう"相似た"という定義は，病院により，大学により，医師により異なってくる可能性は十分ある．いずれが当たっているかは，外的基準がないので明確ではない．

　解剖すればわかるではないかというかもしれないが，死んで解剖できるような重い患者ばかりではなく，死後解剖ではわからないこともあり，生体解剖でもしてみなければ，一般にわかるものではない．つまり，過去の経験から相似たアンバランス（バランス）を示す患者に名前をつけたのが病名であり，診断である．外的基準はないが，こうしてできた分類（診断）にもとづいて治療が行われることになる．こうした過程を経て，診断がとぎすまされ，その精度があがる，つまり治療に対してより適切な情報を与えてくることになる．

　こうみてくると，外的基準がある場合の計量診断といわれるものとの差がはっきりしてくるだろう．計量診断は予測であり推定であり，一般の内科的診断は計測情報のみにもとづく分類なのである．

　調査には以上のように根本的な2つの立場があるから，実際に調査を企画するにはこのことをはっきり認識する必要がある．調査の目的によりどちらかの立場が他の立場より重視されるが，調査への要求としては，後者つまり外

的基準がない場合が非常に多い．予測を当てる当てないよりも，調査データのなかから如何に多くの情報をくみ出すか，如何に知識を豊かにするか，如何に新しい仮説をたてるか，という探索的なことが非常に大事なのである．ある程度見当のついていることの裏づけを求める場合もあるが，はっきりしないからこそともかく調べてみよう，ということが多いからであろう．

一度で正しいデータは得られない

人々はすぐ「イエスかノーか」と割り切りたがる傾向がある．調査とくに社会調査についても，この方法はこういう欠点があるから役立たない，ときめつける人が多い．しかし調査の論理は，満点か零点かのオール・オア・ナッシングではなく，"逐次近似"の考えに立つ．一度の調査で正しいものをつかむのではなく，情報を豊かにしていってしだいに真実に近づくのである．最初の調査に欠陥があっても何らかの情報が得られるはずである．それをもとにさらに調査方法を改良してゆく，といい換えてもよい．

ここでも例として医学に登場してもらおう．現代の医学は，ガンをはじめ治療不可能な病気が残っており，現在の治療法が将来，まったく否定される可能性もあるといった不完全なものである．しかし，われわれは病気になれば医師にかかり不完全でも治療を受ける．それの積み重ねで医学はだんだん進んでゆく．医学はまだ不完全だからといって医師の治療を受けなければ，われわれ自身の苦しみは

まったく軽くはならないし，医学も進歩しない．不十分さを我慢しても治療を受けるほうが，医師にかからないよりはるかによいことはいうまでもない．医学では十分認識されているこの認識が，社会科学である調査については十分理解されていないのはなぜだろうか．

社会調査は一つの道具

調査の基本的立場は今まで述べてきた通りだが，では実際に調査を行ううえでの考え方はどうあるべきだろうか．それは調査は社会をさぐってゆく一つの道具・手段として考え，これで完全にわかったと思わず，調査の不十分さを常に認識して，そこから新しい問題の発見に努めることである．

ある質問法，あるいは調査法を設定する ─→ それにより調査を行う ─→ 得られたデータを解析する ─→ わかることとわからないことを明確にする ─→ これにもとづいて最初の質問法，調査法を改良して再び調査する……．こういった終わりのないループが積み重なって調査の方法は，あたかもらせん階段のように循環しながら進歩してゆくのである．

ここで忘れてならないのは，調査あるいは統計では因果律はわからない，ということである．もともと因果律を正しくとらえるには，実験的世界以外はまず不可能であろう．

たとえばBという現象が起こった時，必ずAという要

素があったとしよう．これだけでは両者の因果律はわからない．一歩すすんでAがなければBが起こらないことがわかってもまだ不十分．AがあってもBが起こらないことがあり得るからである．だから以上の経過につづいて，Aがあったら必ずBが起こることが証明されてはじめて両者の間に因果関係があるという．このような証明は，さまざまな要素がからみ合う社会現象においては，明確にするのはむずかしい．

すでに因果関係が明らかなコレラ菌とコレラ患者の関係にしても，コレラ患者には必ずコレラ菌が発見されるが，コレラ菌に感染した人のすべてが発病するとは限らない．まして一時的な現象についてはとても歯が立たない．

現実の世界において，これほどとらえにくい因果律に，人はなぜこだわるのだろうか．なぜ因果律がそんなに大切なのだろうか．「それはなぜそうなるのですか」という質問にわれわれはたえず悩まされる．ともかく因果律をいわないと，満足してくれないが，社会調査はそれに答えられないのが真実である．一つの因果律で答えられるほど社会現象は単純ではないのだから……．

問題発見の論理

だから，「なぜか？」というふうに考えていろいろ要因をさぐることはよいが，「なぜか」ということを簡単に決めつけることはできない．決められない以上，因果律は認められないわけである．人はよく原因と結果を求めるが，

簡単な原因ではなくてある複合した原因からある現象が生じている場合は，因果律にこだわる考えは得策ではない．少なくとも豊かな発想法ではない，といえる．

このことから，私は「社会調査は因果関係を明らかにするものではなく，問題発見の論理，現象探索の論理に立っている」と考えている．この立場に立てば，健康問題を論議する際よく使われる"人体に対する特定の危険因子がある"という表現は"危険因子になる"といったほうがよい場合が多い．

近年，さまざまの発癌物質が発見され警告が出されているが，これを完全に身のまわりから遮断することはできない．しかし，多くの物質が発癌物質になる，と考えれば，それが"発癌物質にならない状態"をつくり出すことはできるはずである．つまり発癌物質を特定の固定したものととらえないで，多次元の条件の中でのバランスの釣り合いの結果として考えてもよいのではないだろうか．

かつて高名な癌研究者が「癌の防止には動物実験などにより発癌物質をみつけ，それを取り除くようにすればよい」と述べられたが，最近「今までの考えでゆくと，研究方法が精密化されるとすべての物質が発癌物質になってしまうことも起こりうる．われわれは発癌物質の定義を変えなければならないのではないか」，というように姿勢を変えた発言をしておられる．因果律に頼る考え方だけでは，現実に対応できないためだろうか．

仮説‐検定の限界

仮説をたててそれを検証する——．かつてアメリカでは社会調査の論理をこのようにとらえていた．たしかにこれは一面の真理であるが，私はそうは思わない．というのはこの考えに立って得られたものが，意外にまずしいからである．仮説‐検定という方法論に立つ場合，すぐ結果の出やすい仮説をたてる傾向があり，それから得られる知識は新味がなくつまらない．いい換えれば得られる情報が豊かではないのである．勿論，仮説‐検定という発想が有効な場合はあるが，複雑な社会・人間を対象とする場合，限界があることを知る必要がある．

これに対してわれわれの基本的な態度は，俗な言葉であるが，「事実は小説より奇である」という認識に立っている．この複雑な対象に取り組むには，なるべく仮説をたてずに見たいのだが，まったくの無仮説で物を見ることはできない．そこで非常に柔軟な立場から多くの仮説をたてて物を描いていきたい，と考えている．洞察力のある，極言すれば従来のオーソドックスな既成の枠組からみれば八方破れともみえる仮説を持つことが，豊かな情報を生むことさえある．

はじめから手軽に仮説‐検定を行うのではなく，たくさんの仮説をたててそれを選択してしぼってゆけば，仮説‐検定が有効になることも勿論ある．ただこの場合も，選択による単純化に意味がある場合（たとえばコレラ菌とコレラ患者との関係）はよいとして，単純化によって本体がく

ずれてしまうような対象（長期にわたる食生活と健康の関係など）では、役に立たない．つまりうまい切り口をつくって、それが社会なり人間の行動を損わずにいることができれば、そうする意味があるというわけである．

そのような努力をしても、つまりたくさんの仮説をたてる努力をしても、なおそこからわかることは、複雑な現象をある断面で切った切り口を見ているに過ぎない．全体像は切り口のほかにある．だから切り口を見てこれをすべてだと思ってはいけない．その切り口を全体の中に置きながらその切り口を解析する姿勢が、要求されるのである．

調査が科学である以上、何らかの仮説をたてなければ調査を進めることはできない．そして仮説では限られた世界しか描くことができないから、その他の世界があることを念頭に置き、手に入れた切り口（結果）を解析するわけである．

第2章 調査の基本——標本調査の考え方

対象は集団

1人の人間，あるいは1つの1回だけの現象について何らかの情報を得るには，特別の方法はいらない．質問の仕方によって相手の人の答えが変わることはあり得るが，質問の仕方を変え，何回か話しているうちに知りたいことはわかってくる．またある実験でどんな結果が出るかを知るには，得られた結果そのものしかない．恋人が結婚を OK してくれるかどうかは，プロポーズしてみればよいし，自分の組みたてた模型の電車が動くか動かないかはスイッチを入れさえすればわかる．

しかし，われわれの知りたいことの多くは，"集団"についての情報である．ヤング向けの雑誌を出したいが，今のヤングたちはどんな情報をほしがっているのか．ファッションへの好みは，北海道の人と東京に住んでいる人とで同じかちがうか．あるいは自動車にある装置をつけ加えたものとそうでないものとで，故障を起こす率はどちらが多いか，などである．ここで要求されてくるのが，本書のテーマである科学としての「調査・統計」であり，当然のことながらその対象は集団である．いい換えれば，集団を代

表する何かの情報を得ようというのが調査・統計の基本である．

集団というからには，対象は少なくとも2つ以上の人，ものあるいは事象（これらを**要素**という）から構成されているが，ふつうは要素の数はかなり多い．そして集団を構成する要素は，人間や物（商品，植物など）といった即物的な要素と，サイコロをふってどんな目が出たとか，ある実験でどういう結果が出た，といった論理的要素の2つがある．

調査・統計では，これらの要素から成り立っている集団に対するある結論を得ると同時に，個々の要素を集団の中に位置づけて情報をつかむ，という2つの面がある．たとえば調査の結果，日本人全体として近年，政治的に保守化の傾向があることがわかったというのは第1の面であり，こういった傾向が日本人全体のなかでも若い層に強くみられる，あるいは，ある個人は大勢に順応している考えを持っているか，世俗に反している考えを持っているか，という位置づけをするのは第2の面である．また，統計を機能の面からとらえると，統計には「記述する」ことと「確率にもとづいて推定する」ことの2つの方法がある．ある政策に賛成が何％，反対が何％というのが"記述"であり，賛否を表わすパーセントはどれくらいの信頼度を持つか，いい換えれば得られた結果はどの程度の精度を持っているかをいうのが"推定"である．両者のどちらが重要かは，調査の種類・目的によって軽重があるが，互

いに交流しあうものである．この点についてはまたあとの章でふれよう．

調査対象を決める

調査の対象が集団であることははっきりしている．しかし，実際に調査を行おうとする場合，調査対象の集団が意外に明確でない場合が多く，またその点をはっきりさせないまま無意味な調査や議論が行われることがある．

たとえば，最近よくマスコミで「日本人論」が展開されるが，ここでいう日本人というのはいったい何を指すのだろうか．大づかみにみれば日本は世界でも珍しい単一民族国家であり（勿論，完全に一つの民族で構成されているわけではない），ひと口に"日本人"といわれても違和感もなく何となく共通した概念を持ちやすい．しかし，人によってその受けとり方は微妙にちがうだろうし，突っ込んで考えてみるとあやふやになってくる．

"日本人の気質"といった場合，1984年現在の日本人なのか，あるいは明治時代の日本人なのか．また現代の日本人でも，対象と考えているのは何歳から何歳までの日本人か，あるいは都市に住む人か過疎の農山村に住む人か，はっきりしない．文学的表現による日本人論なら，これでもよいかもしれないが，客観的に比較対照しようというような場合には，このような抽象的あいまいなとらえ方では，論理的な話ができない．

ともかく科学としての調査を行うには，まず何はともあ

れ調査対象の集団を明確に定義することが絶対的に必要である．たとえば仮に日本人論の対象としての日本人集団を，「昭和59年5月1日現在，日本の領土内に常住し，日本国籍を持つ人」と定義してもよい．もちろん定義の仕方はいろいろあるが，ともかく何らかの定義をしない限り調査はスタートしない．前の章で述べた"操作的"という考えが，この出発点から登場するわけである．ただ，言葉の定義だけではまだ具体的な調査を始められない．調査をスタートするには，この定義による日本人集団を構成している個々の日本人，つまり構成要素をさらに明確にする必要がある．

先の定義でいうなら，住民登録の記録が手がかりになるであろうし，「20歳以上の日本人」という定義が加わる場合は，有権者名簿が役立つ．このように定義がはっきりし，しかもその構成要素が具体的にとらえられるような調査対象集団を，統計学では**ユニバース** universe と呼んでいる．

今，ある銃を使って100発弾丸を撃ち，何発当たるかを調べたとしよう．この場合，当たる，当たらないという100回の結果の積み重ねは，調査対象の集団であり，構成要素もはっきりしている．先に述べた定義でいえば，一見，ユニバースと呼んでよいと思われそうである．しかしよく考えてみると，この銃の真の命中率は，本当は無限回数撃ってみた時の命中回数を知りたいのである．そんなことは実際できないから，100回という限られた回数の試射

の結果から数学的に（確率論的に）命中率を割り出し，それで真の命中率を代用させているわけである．したがって，この場合の本当のユニバースは，"無限回撃った時の結果の積み重ね"ということになる．

ユニバースと母集団

さて調査の対象となる集団が「ユニバース」というかなり具体的な形でとらえられた．だが，これはやっとランナーがスタートラインについただけで，ふつうはすぐ走り出すわけにはいかない．調査を始めるには，ここで**母集団**（ポピュレーション population）という考え方の登場が必要なのである．母集団とはユニバースに確率的な概念を加えたものである．

では日本人論を論ずる場合の調査ではどうだろうか．具体的な調査対象として有権者名簿を使ったとしたら，ユニバースと母集団が同じではないか，と思われるかもしれない．たしかにこれまでこのような場合はユニバースと母集団は同じと考えられてきたし，実際の取り扱いでも区別をしないことが多い．しかし，厳密な考え方としては，ユニバースと母集団はまったく別のものであることを認識していただきたい．少しくどくなるかもしれないが，もう少し両者のちがいについて述べよう．

ある定義があって，その構成要素が具体的にとらえられるような調査対象集団がユニバースだった．日本人という集団をとらえるための住民登録簿や有権者名簿，あるいは

命中率やサイコロの目の出現率を知るための無限回の"実験"がこれに当たる．このユニバースから調査や実験のための要素を取り出すことになる．こうして要素を実際に取り出すには，確率の考え方を使う．個々の要素に抽出確率を与えて，それを取り出すことを考えるわけだが，確率を与えるだけでなくその取り出し方も決める必要がある．このようにユニバースに，要素を取り出すという考え方を加えたのが，「母集団」である．

日本人という調査集団では，ユニバースであった住民登録簿から機会均等に，つまり公平なくじ引きで，むずかしくいうと同じ抽出確率でつぎつぎと人を抽出すると決めたのが母集団ということになる．この意味では抽象的な集団を考えればよい．命中率やサイコロの目の出現率の調査，あるいは科学的な実験では，一定の条件の下で無限回数行われる実験が等しい抽出確率で独立に取り出される，と考えたものがこれに当たる．

ユニバースは一つであっても，母集団はいくつでも構成することができる．そしてその構成の仕方は，母集団から得られる情報の精度がもっとも高くなるように考えるのである．こうして，精度が高く，集計分析に扱いやすいいろいろの標本抽出計画が実際に生まれてくることになる．

母集団から実際にえらび出され，直接，調査の対象になるいくつかの要素が**標本**（サンプル sample くわしくは任意標本，ランダム・サンプルという）で，この標本を相手に実際にある問題に対する賛否を聞いたり，実験結果を

要素

ユニバース

要素の数が N 個の場合,「大きさ N のユニバース」という. 黒点は要素を示す.

↓ 確率化

母集団の一例

ある確率に従って方式を定め要素を取り出すという考えを示す.

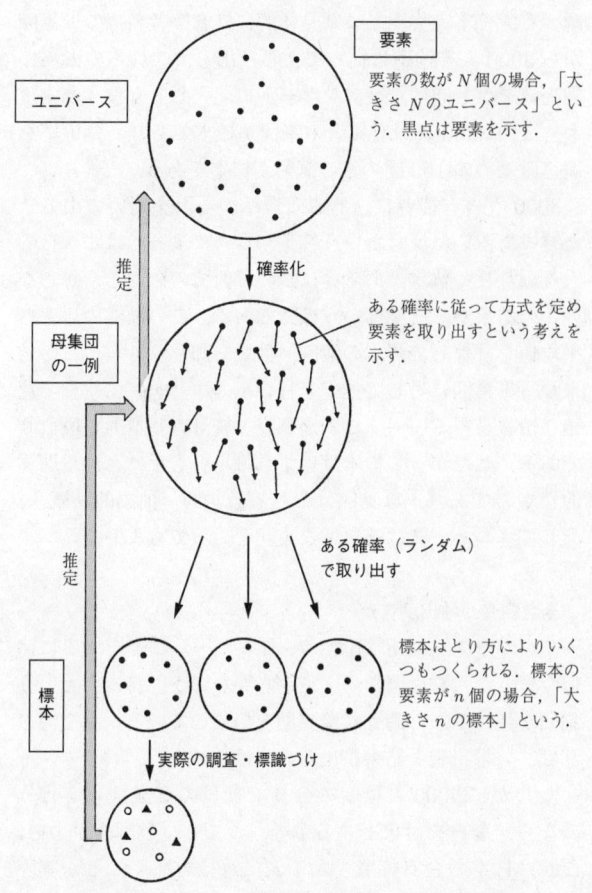

推定 ↑

ある確率（ランダム）で取り出す

標本はとり方によりいくつもつくられる. 標本の要素が n 個の場合,「大きさ n の標本」という.

推定 ↑

標本

↓ 実際の調査・標識づけ

図1 ユニバースと要素, 母集団と標本, 標識と推定

調べる．日本人集団，より具体的には有権者名簿の母集団から3000人を確率に従ってえらび出し，これらの人々に調査員をさし向けたりアンケートに記入してもらうとすると，この3000人の有権者の集団が標本であり，命中率を調べるための100回の銃の試射が標本である．

3000人の有権者に，ある政策への賛否を聞いて出てきた賛成あるいは反対という答え，場合によってはこれらの人々の身長や体重，あるいは銃の試射での命中したかしないかの結果が，統計でいう**標識**である．この標識の比率や平均値を計算して標本の傾向，性質を知り，さらにこの結果から母集団に対して推定を行い，ユニバースに対して適確な情報を得る——．これが調査・統計の基本的な段取りである．したがって標本はいずれの場合も手にとれる即物的なものであり，母集団はむしろ数学的・抽象的な概念，そしてユニバースは実質的な集団といってもよい．

全数調査か抽出調査か

ユニバース ⟶ 母集団 ⟶ 標本……．調査をするには何だってこんな面倒な考え方が必要なのか．日本人という集団を調べるなら調査対象集団を構成している全員を調べれば，一番正確な結果が出るのではないか．

たしかに5000人程度の会社で社員の意識調査を行うのなら，全員を対象とする調査，つまり全数調査がよい．だが，日本の全有権者1人1人に意見を聞くことが実際上可能かどうか考えてほしい．第1にその調査のために

ぼう大な費用がかかる．第2に仮に全数調査ができたとして，その集団分析に時間がかかり調査結果が出た時には，すでに"歴史的事実"にしかならない恐れがある．第3に，意識調査などの場合，調査員の質や調査実施の質の管理にばらつきが出たり，標識をつけるところでずさんなものが多く出てくることになる．さらに話をかえてみるとある製品の品質管理などの場合，厳密には実際に動かしてみたり，内部を分解してみて調べることが要求されるが，全製品に対してこれをやったのでは，売物になるものがなくなってしまう．

また，こういう場合もある．同一集団に対してAという調査とBという調査の2つを行って比較を行う場合，2つをつづけて調査するとA（B）の質問がB（A）の結果に影響を与える恐れがあることがある．この場合には，対象集団を2つに分けてそれぞれA調査，B調査を行い（これを**折半調査**という），その結果から集団全体の性質を推定しなければ，目的を達することができなくなる．少数を対象とした調査でも，標本をランダムに2つに分ける折半調査から推定しなければ，情報を得ることが不可能な場合もある．

このため全体の中から取り出した一部分の標本を調査して全体の性質を推定したいという願いから，ユニバース ⟶ 母集団 ⟶ 標本抽出 ⟶ 標識付け ⟶ 計算 ⟶ 母集団に対する推定 ⟶ ユニバースに対する情報，という調査の基本的な考え方が生まれたのである．サイコロの目

全数調査

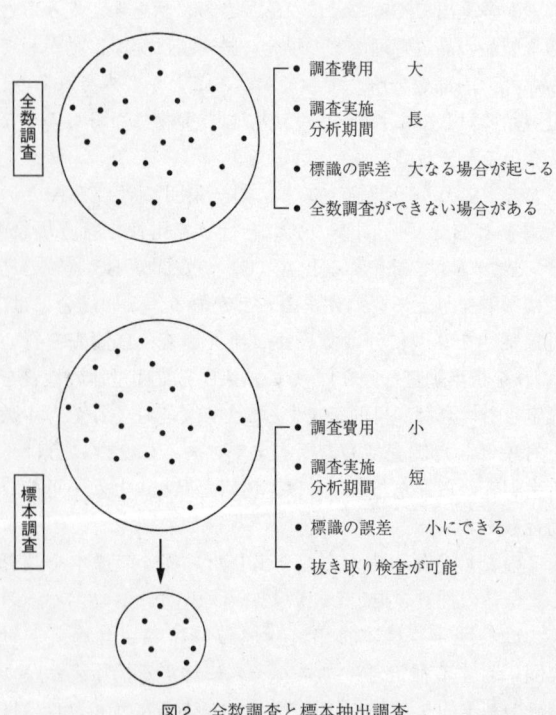

- 調査費用　大
- 調査実施分析期間　長
- 標識の誤差　大なる場合が起こる
- 全数調査ができない場合がある

標本調査

- 調査費用　小
- 調査実施分析期間　短
- 標識の誤差　小にできる
- 抜き取り検査が可能

図2　全数調査と標本抽出調査

や科学的実験による調査は，元来，得られる結果がすべて抽出された標本と見なして考えを進めなくては，何をやったのかわからなくなることは，先の銃の命中率の例からおわかりだろう．

抽出標本調査の利点

全数調査に対する抽出標本調査の利点は，まさに先に述べた全数調査の欠点の裏返しになる．つまり，①標識付けの誤差が小さい，②費用がかからない，③結果が出るのが早い，などである．もちろん，比較的少数の標本の調査結果から大きな集団の性格を推定するのだから，推定誤差が出るのは避けられない．近代の調査・統計の研究はこの推定誤差をいかに小さくするか，への努力にほかならない．この問題についてはあとでさらにくわしく述べる（55ページ）が，ここでは抽出標本による推定誤差は，全数調査でも生じる誤差（調査不能，調査実施に由来する誤差などいわゆる非標本誤差）と釣り合う程度が望ましいというにとどめておこう．

では，全数調査か抽出調査かの判断を下すべき境い目はどのあたりにあるのだろうか．調査の対象，目的によってちがうが，一般的にいえることはタイミングのよい情報に見合うという立場，情報が費用・時間に見合うという立場から考えよ，ということになる．世論調査など人間の意識，考え方を対象として時宜に適した情報をとろうとした場合は，標本調査以外に方法はない．

10万人の集団から1000人の標本をえらんで調べることはよくあるが，仮に調査対象が1000人の集団の場合，そのうちの半分500人を抽出して調査したら「なぜ半分の人の意見しか聞かないのか」という統計以前の心理的な反発が起きてくるかもしれない．その点からみると5000人から500人を標本としてえらぶのもむずかしいだろう．標本の抽出がこのくらいだと，その対象集団に与える影響が出るので，この点についての配慮を要求されることもある．

　あとで再びふれるが，全数調査であれ抽出調査であれ，実際上，調査不可能な集団というものがある．それはひと口にいって利益感情があまりにもはげしい場合である．たとえば開発問題（地域開発，原子力発電所の建設，などの関係者に対するもの）では，調査での意思表示が具体的な利害として発言者にふりかかってくる恐れを感ずることが多いので，本心が出にくい．仮に一応の結果が出たとしても，かなりゆがんだ形になる恐れがある．

標本のえらび方——ランダム・サンプリング

　さて，少数からなる集団以外は，全数調査よりも抽出調査のほうが望ましいことはわかった．そこで具体的に母集団から実際の調査対象となる標本をえらび出すことになる．わが国ではふつう，この標本抽出（前に述べたユニバースからつくられる母集団からの標本抽出）では**任意標本抽出法**（ランダム・サンプリング random sampling，無

作為標本抽出，確率標本抽出などの訳語も用いられている）がとられている．

ランダム random というのは辞書に書かれているように"行き当たりばったり"，あるいは"でたらめ"という意味ではなく，ランダム・サンプリングとは，母集団からの厳密な標本抽出のことで，標本として抽出される人がある確率で当たるように取り出すことである．

たとえば10万人の成人人口を持つ都市で世論調査のため3000人を標本として取り出そうという際，10万人の成人市民全員がユニバースである．そして各市民が標本に当たるチャンスが同じになるように，当たりくじを3000枚入ったくじをつくり，そのくじ引きによって標本を決めるとしよう．こう考えることがユニバースから母集団をつくることであって，この母集団から標本を抽出するということになる．さて，くじ引きだから誰が当たるかわからないが，当たるチャンスは平等なはずである．実際には1人1人くじを引いてもらうわけにもいかないから，市民の住民登録簿を対象に乱数表などを使って決めることになる．（乱数表は数字が同じ確率で独立に現われるよう並べられている）．なぜ標本抽出にはこのようなランダム・サンプリングが必要なのか．それは取り出した標本が，母集団ひいては調査の対象であるユニバースを，ある科学的な保証のもとで代表してくれることが必要だからである．

今の例の場合，女性ばかり標本にすればそれは市民を代表するのではなく，女性市民を代表することになるだろ

うし，50歳以上の人をえらべば，それは高年齢層だけを代表することになってしまう．そこで"誰もが公平に当たる確率になるような"という目的に即して，ランダム・サンプリングが必要になるわけである．ランダム——確率による——という言葉から，適当にやればよいような印象を受けるかもしれないが，えらび方は"ランダム"であっても，いったんえらび出した標本はすべて調査しなければならない．相手が不在でなかなかつかまらない，などで調査不能の標本が多くなれば，同じ確率で当たるというランダム・サンプリングのねらいがくずれ，偏った標本からゆがんだ結果が出る恐れがあるからである．

また，本サンプルの他に予備サンプルを同じようにとっておき，本サンプルが調査できない時この代替として予備サンプルを用いて調査するというやり方をするところもあるが，これもランダム・サンプリングの原則をくずすことになる．つまり調べやすい人だけが調査されるという偏りを持つことになり，厳密なランダム・サンプリングではなく，ゆがんだ結果を招く恐れがある．

層別標本抽出法とクォータ法

実際に標本をえらぶ場合には，単純に確率が等しくなるように抽出することは少ない．とくに全国民（具体的には有権者名簿など）を対象とした世論調査などの場合，3000人を任意にえらぶと，標本が1人ずつ全国にひろがって調査に時間がかかったりなどの問題が出てくる．こ

| 母集団（全国） | | | 標本 |

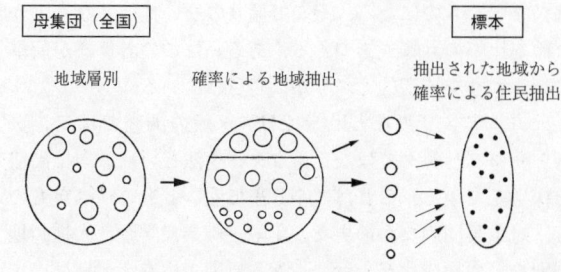

地域層別　　確率による地域抽出　　抽出された地域から確率による住民抽出

○ ○ ○ は大都市，中小都市，町村を示す

図3　層別2段階標本抽出法

のため，300くらいの地点をある確率でえらび，そこの住民から等確率（ランダム）に標本をえらぶ（各地点で平均10人，15人くらいの標本がとられるようくふうする）2段任意標本抽出法がある．この時，地点間で意見のバラツキがあるので，当然，精度は直接個人を抽出する場合に比べて悪くなる．そこで同じ性質（意見分布）を持つ調査地点同士を集めて一つの層をつくり，それぞれの層で2段任意標本抽出を行うようにすれば，2段抽出でもそれほど精度を落さずにすむ．

このように似た性質の調査対象の集団をあらかじめ事前情報をもとにしてつくることを，**層別標本抽出法**という．地点層別，それから地点抽出，それからさらに個人抽出のように両者を組み合わせたものが層別2段階抽出法であり，一般の大規模調査ではよく行われている．これはもはや，一般にいえば個人に等しい抽出確率を与えた母集団と

は異なったものになる．そこで偏りのない推定となるような標本比率の計算式をつくる，あるいはこの計算式が簡単になるような技術的くふうがこらされている．

一方，アメリカなど欧米では，一般の調査ではランダム・サンプリングではなく，**クォータ法**という標本抽出法を採用している．これは"割り当て法"ともいうべきもので，対象集団のなかの男女，年齢，職業，学歴，人種，地域別などの構成比を土台に，ある原則で標本をえらび出す方法である．ランダム・サンプリングとクォータ法では，不用意に行った場合，得られた結果が大幅にちがうこともある．しかし，いずれもユニバースを正確に代表する標本をえらび出すねらいにはちがいはない．

そこで，クォータ法ではいろいろくふうがこらされている．地点は一応，等確率で抽出し，そこから適宜標本を取り，最後にウエイトをかけて調整するという方法が採用されている．これでうまくユニバースの縮図ができるようにするには長年の経験則がものをいう．ランダム・サンプリングのように理論的保証のもとに標本を抽出するのではなく，ある意味の調査のプロとしての芸がものをいうわけで，その正確性は選挙調査，市場調査などの利用者の経験からたしかめられている．このクォータ法の妥当性は随時，ランダム・サンプリングとの比較でたしかめるのが望ましいと思っているが，ここではオーソドックスなランダム・サンプリングで，話を進める．

標本はどこまで母集団を代表するか——推定の精度

ランダム・サンプリングでえらび出された標本は，当然ながら母集団よりはるかに数が少ない．この少ない標本の調査結果から果たして母集団の性格（つまりユニバースの性格となる）をどれくらい正確に推定できるのだろうか？こうした疑問を持つ人は多いだろう．これは標本はどこまでの精度で母集団を代表するか，さらにいい換えれば，抽出標本の標識（収入などの数値，ある意見に賛成か反対かなど）が，仮に調査対象の全数を調べた時の結果とどの程度一致するか，ということになる．

ここでもう一度復習をしよう．調査対象（ユニバース）⟶ 母集団 ⟶ ランダム・サンプリングによる標本の抽出という手順を通り，この任意に抽出された標本を実際に調べて標識を与える．つまりアンケート記入や直接質問である意見に対する賛成，反対などを聞くことになる．これを標本全体に積みあげてどのような意見が何％あるという比率（標本比率）を出したりする．この標本の標識の比率から母集団での比率を推定してやっと調査の目的が達せられるわけだが，どれほどの精度でこの推定が行われるかは，確率論にもとづいてまったく数学的に出すことができる．その過程は少し面倒なので，補説1（p.57）にまとめて示す．

結論からいうと任意抽出標本の比率 p にプラス・マイナスのある幅をつけると，母集団での比率 P は 95％ の信頼度でその中にある，というわけである．つまり抽出標本

の比率からの推定が95％の信頼度を持つとすると，ある意見に賛成か反対の母集団の比率が50％（賛成，反対が半々）の場合，単純に母集団から等しい確率で抽出した標本を構成する要素の数（標本の大きさという）が2500では，その精度は±0.02，標本調査の結果に2％の幅をつけておけばまず正しい，ということになる．本当に正確さが要求される場合は3％の幅をつけておけばよい．

仮に全国世論調査で250地点から各10人，計2500人の標本をえらんだとすると，つまり層別2段抽出法の場合は，一般的に，95％の信頼度という精度の場合，幅は3％とやや悪くなるが（補説2, p.59），それでも十分信用できる．標本比率から母集団の比率を推定する際のこの程度の誤差は，これから述べるように実際上は質問方法や調査不能，あるいは調査員の不なれなどによる誤差（非標本誤差）の大きさと比べて，同じ程度のものである．日本人全体で3000人や4000人を調べて何がわかるかという素朴な質問は，ここで述べた「科学の方法」を知れば氷解しよう．この推定精度についてはあとでもう一度ふれることにする（68-75ページ）．

補説1　推定精度を求める計算

ユニバースを構成する要素（その数 N）に，等確率を与えて標本を次々に抽出することとし，まず母集団を構成する．そしてユニバースでのある意見の比率 P（たとえば賛成60%など）を標本の調査で得られた比率 p から推定したいと考える．母集団の言葉でいいかえれば「大きさ N の母集団比率 P を推定する」ということになる．

大きさ n の標本（要素の数 n 個）を抽出して，標本比率 p が出たとしよう．確率にしたがって大きさ n の標本をとるのであるから，大きさ n の標本を何回もとるとそのたびに標本比率 p は異なった値になる．しかし無限回，標本をとれば平均的にユニバースでの比率 P に等しくなることが確率論で計算される．それでは p はどのくらいの精度で P を表わしているか．これも確率論の助けをかりれば次のように表現できる．

$$p \pm 2(3) \sqrt{\frac{N-n}{N-1} \cdot \frac{P(1-P)}{n}}$$

つまり，標本比率 p にプラス・マイナス

$$2(3) \sqrt{\frac{N-n}{N-1} \cdot \frac{P(1-P)}{n}}$$

の幅をつければ本当に知りたいユニバースの比率 P がその幅の中に入り，推定としてはまず大丈夫ということになる．2(3)は，2をつければ95%の信頼度（100回中95

回は正しい），3をつければ99.7％の信頼度（1000回中3回しかはずれない）をもつことを表わす係数で，まったく数学的なことである．なお $\sqrt{}$ の中の P はわからないので p で代表しても，n が大きいときは差し支えないことが数学的に証明される．

　信頼度を高くしてプラス・マイナスの幅をどう小さくするかが，統計屋の腕前となる．簡単な標本抽出のときは腕の見せどころはないが，複雑な調査計画をしなくてならない場合は，調査の実施の容易さで精度はずい分異なったものになる．

$$2(3)\sqrt{\frac{N-n}{N-1}\cdot\frac{P(1-P)}{n}}\cdot$$

は複雑なので簡略化してみよう．一般に要素 N は大きいから $N-1$ も N も変わりない．n も一般に N に比べて十分小さいので $N-n$ も N とそう変わりはない．$N-1\fallingdotseq N-n$ とすると

$$\pm 2(3)\sqrt{\frac{P(1-P)}{n}}$$

となり，推定の精度には標本の大きさ n のみが関係してくることがわかる．たとえば P を賛否なかばするとして $P=0.5$ としておこう．この $P(1-P)$ は $P=0.5$ のときがもっとも大きく，あとはこれより小さくなる．幅を大きめに見積ることになるので，$P=0.5$ は安全側に立った見

積りとなる．こうすると幅は

$$\pm 2(3)\sqrt{\frac{0.5 \times 0.5}{n}} = \pm 2(3)\frac{0.5}{\sqrt{n}}$$
$$= \pm 1(1.5)\frac{1}{\sqrt{n}}$$

となる．標本の数 n を 2500 とすれば，幅は $\pm 1(1.5)\dfrac{1}{50}$ $=\pm 0.02(0.03)$ となる．つまり全数調査をやらないでも，標本抽出調査の結果からかなりの精度でユニバースの比率を推定できることがわかる．

補説2　層別2段抽出の場合の推定精度

　層別2段抽出の場合，いろいろ理論モデルをたてて計算してみると，推定の幅は

$$\pm 2(3)\sqrt{2\frac{P(1-P)}{n}}$$

というように地点間のバラツキが加わって，単純に抽出する場合に比べて，$\sqrt{}$ の中が2倍と精度がおちる．これは一応安全側にたった計算であるが，実際のデータでいろいろ調べてみると，これがほぼ正しいことが証明されている．

やたらに標本をふやすのは無意味

2500人や3000人ではやはり心もとないから標本の数を10000人にふやしたとしよう．説明のため単純化して等しい確率で直接，標本を抽出した場合を考えよう．その結果は先の補説1の式で計算でき，精度は2倍，つまり標本の結果に与える幅は1.5%にしかならない．つまり精度は標本の大きさの平方根に反比例するので，精度をあげてその幅を2分の1にするのに，標本の数は4倍にしなければならない．このように世論調査では調査標本を多くし，調査規模を大きくしても，それほど精度はあがらないのである．実際上は2500人から5000人程度（層別2段抽出では地点数は250～350）の標本数が，時間，費用，精度やこまかい分析の可能性をあわせて考えて，もっとも合理的なようである．

この数式による結論をみても，なお「数学的にはそうかもしれないが，人間は石ころとちがうから計算通りにはいかないのではないか？」という疑問を根強く抱く人がいるかもしれない．たしかに社会調査は複雑な人間が対象であるから，本音をいわず実態とはずれた結果が出ることもないわけではないだろう．しかし，それは標識の与え方，賛否が正しく表現されるか，意見が正確にとらえられているか，という問題であり，標本を調査して得られた結果（たとえば賛否の色分けなど）がいったん決まったあとは，あくまで数学の理論にしたがうのである．

標本抽出と標識づけは別個のもので，ここを分けておか

ないと話が混乱する．意見が正確にとられるかどうかは，標本抽出による推定とは無関係であり，社会調査法という分野で研究されていることである．これについては第3章で述べる．標本抽出の精度といううえでは，人間も石ころもまったく差がないわけである．

また，先の式でもわかるように，標本の数が多いとか少ないとかは，調査で何をどのくらい正確に知ろうとするかを踏まえて判断すべきことである．それを無視した議論は無意味である．

世論調査をして，ある意見に賛成であるものが56.13%である，などということを知ろうとするものはあるまい．これを要求したとすれば，社会現象のデータがどんな性格のものか知らなすぎる．実験室の中のデータの精度に望むようなことを，フィールド調査に期待しても無理なことである．フィールド調査なら1%程度の精度以上は，よほどの条件でも得られない．たとえば55%前後というのを知ることができればよいわけである．こうなると，世論調査の精度の限界はおのずからわかろうというものである．精度という場合，標本抽出ばかりでなく，前にいった調査そのものにもとづく誤差——これを**非標本誤差**という——も含めて考えるのである．

これは，世論調査のデータをどう活用するかにかかっていることで，これについては最後の章で説明する．世論調査ばかりでなく，調査では，このように調査の目的に応じた精度を考えて調査の計画をたてるべきである．やたらに

高い精度を望めば不可能でなくても，多大の費用がかかるばかりで，目的に対して無意味である．「金」という材料が化学的特性がよいからといって，0.数 mm という精度で設計して金の下駄を作ってはくなどと考えれば，漫画である．それぞれにふさわしい精度というものがあるわけである．

信頼度はどうとるべきか

先に標本調査の結果（比率）に 2% あるいは 3% の幅をつけておけば，95% なり 99.7% の信頼度があると述べた（補説 1, 57 ページ）．では実際にはこの 2 つの信頼度のうちどちらをとるべきか，の問題が起こってくる．信頼度を 4.7% 高めることと，幅を 1.5 倍ふやすことの兼ね合いはどうか，という問題である．

幅はせまいほうがよいに決まっているのに，1.5 倍の増加は大きい．それに対して信頼度の差の 4.7% の現実的意味はどうなんだ，との疑問が起ころう．ところがこれはまったく数学的な関係から生ずるものである．数学は，この幅と信頼度において 2 つの推定は等価であるというだけで，この素朴な疑問には答えてくれない．現実的意味を考える時，私は 95% の信頼度つまり 2 倍の幅をとるほうが，社会調査では適切でないかと考えている．ただしこれは，あくまでも経験法則にもとづくものである．

しかし，次のような考え方ができる場合は，いずれをとるべきかもっとはっきりする．2 倍の幅の信頼度をつける

と幅がせまいので、この情報を使って何かの政策・方策をとるとすれば、かなりきびしい手が打てる。したがって当たれば利益は大きいが、はずれれば損も大きい。どのくらい損得があるか平均的に計算してみると、こういう「きびしい」手を打てば、8500円の利益となる（表2）。一方、幅を大きくとると情報が粗いのできびしい手は打てない。その手が当たっても利益は大きくないが、はずれた時の損も少ないということになる。どのくらいの損得になるか、平均的に計算してみると、こういう「ゆるい」手を打てば、1991円の利益となる（表3）。こう比較してみると、幅は2倍につけておいたものを利用情報として、方策を考えたほうがよいことがわかる。つまり、幅のせまい（95％の信頼度、つまり2倍の幅）ほうをとることが妥当性のあることになる。

　これは、いわばたとえ話で、実際はこうは簡単なことではないが、こうした考え方で、数学的に等価な結末に「判断―選択」という血が通ってくるのである。これは行動しようとする目的によって、幅のつけ方が異なることを意味しているのである。そこで通常の社会調査の時、分析を行い、問題を見出し、解明し、仮説をたてて考えを進めるに当たっては、経験的にいって、2倍の幅のほうが適切という判断を私は持っているのである。

	当たり	はずれ
きびしい手	10000円（利益）	−20000円（損失）
起こる確率	0.95	0.05

損得の幅を +10000円から −20000円と考える
結局の利益
$10000 \times 0.95 - 20000 \times 0.05$
$= 9500 - 1000$
$= 8500$

表2　きびしい手を打った時の損得

	当たり	はずれ
ゆるい手	2000円（利益）	−1000円（損失）
起こる確率	0.997	0.003

損得の幅を +2000円から −1000円と考える
結局の利益
$2000 \times 0.997 - 1000 \times 0.003$
$= 1994 - 3$
$= 1991$

表3　ゆるい手を打った時の損得

標識の表現——算術平均と分散

抽出標本の結果からの推定の精度に少し深入りし過ぎた

ようである．ここで少しもどって，推定のもとになる統計的な基本について少し説明しておく必要がある．

任意に抽出した標本を調査して標識を付け，その結果から母集団の推定をする……．この標識は今まで何度も出てきたように，たとえば身長，収入などの数値であっても，賛成か反対かという質的なものでもよい．そしてこの標識を表現する統計学上の基本概念として，**算術平均**と**分散**がある．調査においては標識はあくまで集団の値として表現したいのであるから，標本の各要素ごとに得られた調査結果を，1つの数で代表させることが望ましい．2つの調査対象集団を比較しようという時，各々の集団を代表する数値がなければ比較も推定もできないことは誰でも理解できよう．

標識が身長で1m○○cmといった数値で表わされているものとしよう．大きさnの標本の各要素から得られた数を

$$X_1, X_2, X_3, \cdots, X_n$$

とする．こんな数を並べただけでは集団としての身長についての特徴はわかりにくい．そこで各々の数値をもっともよく代表する1つの数値Aで表現すればよい．ここでAと各要素から得られた数値との誤差を考えると，

$$X_1-A, X_2-A, \cdots, X_n-A$$

となる．この誤差が最小になるようにAを決めれば，Aはもっともよく各数値を代表することになる．このためには，**最小2乗法**という考えを用いる．つまり

$$Q^2 = \sum_{i=1}^{n}(X_i - A)^2$$

という誤差表現（2乗）の全体の総和を考え，これが最小になるように A を求めるのである．誤差による不満が $(X_i - A)^2$ に比例すると考えれば，不満の総量を最小にすることになる．すると，

$$A = \sum_{i=1}^{n}\frac{X_i}{n} = \overline{X}$$

の式で表わされる**算術平均**となる．われわれは日頃，足して2で割る式の算術平均を手軽に使っているが，平均値は実はこのように"総不満が最小になるような"，あるいは"不利益がなるべく平等になるような"，民主主義的数値とでもいう意味を持っているのである．

算術平均が同じでも集団の姿が大きくちがう場合がある（図4）．このため分散という別の表現が必要になる．算術平均からの差の2乗の総和（Q^2）の値を標本の数 N で割ったものが**分散**（variance）で，V とか v^2，あるいは σ^2 で表わす．ここでは σ^2 とすると，次のようになる．

$$\sigma^2 = \sum_{i=1}^{n}\frac{(X_i - \overline{X})^2}{n}$$

これは標本1つ当たりの誤差表現（2乗）の算術平均となる．算術平均 $\overline{X}$ の代表値として持つ意味は，σ^2 が小さければ $\overline{X}$ の近くに X_i $(i=1, 2, \cdots, n)$ があり，σ^2 が大きければ $\overline{X}$ よりはなれて X_i がある，つまり各要素の値はバラついていることになる．したがって算術平均と分散

算術平均　　$\bar{X} = \sum_{i=1}^{n} \dfrac{X_i}{n}$　　　　分散　　$\sigma^2 = \sum_{i=1}^{n} \dfrac{(X_i - \bar{X})^2}{n}$

(1) 算術平均が等しく，分散が異なる場合

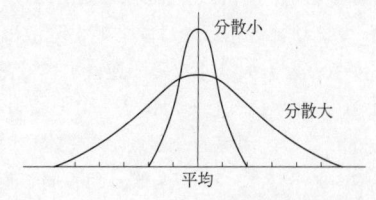

分散小

分散大

平均

(2) 算術平均が異なり，分散が等しい場合

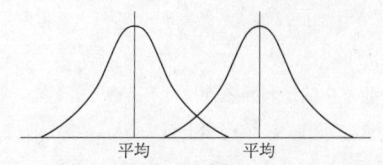

平均　　　　平均

図4　集団を表わす算術平均と分散

によって，対象集団の性格をある程度，表現できるわけである．なお，分散の平方根の値 σ を**標準偏差**（standard deviation）という．

標識がある意見に賛成か反対かという質的な場合を例にあげよう．賛成を1（0），反対を0（1）とすると，先の式により算術平均は1つまり賛成（反対）を示す割合を示す．仮に標本数10，賛成6なら

$$\dfrac{1+1+1+1+1+1+0+0+0+0}{10} = \dfrac{6}{10} = 60\%$$

というわけである。賛成○○%という比率（P）をよくいうが、これは算術平均にほかならないのである。ここで分散を計算すると、$P(1-P)$ となることはすぐわかる。P が50%、つまり賛否相なかばする時、分散は最大となりバラツキがもっとも大きくなる。逆にすべて賛成、あるいは反対となると、$P=1$ または $P=0$ となりバラツキはまったくなくなる。現実的な観点から標本について書いてきたが、ユニバースについてもまったく同じ議論ができる。論理的にはユニバースでの議論のほうがわかりやすいので、以下まずユニバースで説明する。

平均と分散から何がわかるか

平均と分散の問題をもう少し突っ込んで、前に述べた推定に関係のあるところまで話をすすめよう。このためには、その基礎として重要な意味をもつ有名なチェビシェフの不等式というのを説明しておく必要がある。これは、平均と分散というより、標準偏差（分散の平方根）から測定値がどうバラツいているかの関係を示す数学的式である。その求め方を補説 3 に示す。

ここでしていることは単なる式の変形に過ぎないが、式の変形から新しい概念が生まれてくるところを読みとっていただきたい。むずかしいことをやっているのでなく、仕分けをして行くだけのことなので、式をたどっていただく余裕があれば理解できるだろう。

補説3 チェビシェフの不等式（ユニバースでの議論）

分散 σ^2 の定義式をまず考え，これから式を変形する．

$$\sigma^2 = \sum_{i=1}^{N} \frac{(X_i - \overline{X})^2}{N} \qquad N \text{ は要素の数}$$

ここで $(X_i - \overline{X})^2$ を

$$|X_i - \overline{X}| \geqq k\sigma, \quad |X_i - \overline{X}| < k\sigma$$

の2つにわける．k は正の定数である．平均値との差が $k\sigma$ より大，$k\sigma$ より小の2つにわけることを意味する．ここで $|X_i - \overline{X}| < k\sigma$ となる項を全部0とすれば，

$$\sigma^2 \geqq \sum_{|X_i - \overline{X}| \geqq k\sigma} \frac{(X_i - \overline{X})^2}{N}$$

となる．さらに $|X_i - \overline{X}| \geqq k\sigma$ であるから，$|X_i - \overline{X}|$ の最小値である $k\sigma$ でおきかえれば，次のように σ^2 のほうがもっと大きくなる．

$$\sigma^2 \geqq \sum_{|X_i - \overline{X}| \geqq k\sigma} \frac{k^2 \sigma^2}{N}$$

$|X_i - \overline{X}| \geqq k\sigma$ となっている要素の個数を N_1 とすれば

$$\sigma^2 \geqq k^2 \sigma^2 \cdot \frac{N_1}{N}$$

となる．

以上の式を整理すると次のようになる．

$$\frac{N_1}{N} \leqq \frac{1}{k^2}$$

この意味は算術平均から $k\sigma$ 以上離れているものの比率は $1/k^2$ より小であるという推定が得られたことになる。k が大であれば N_1/N は小となり，k が小であれば N_1/N は大となる。σ の値の大小によって k を定めれば，要素がバラツいている程度を示すことができる．

N_2 を $N_1+N_2=N$ で X_i のうち $|X_i-\overline{X}|<k\sigma$ である要素の個数として逆に見ると

$$\frac{N_2}{N} \geq 1-\frac{1}{k^2}$$

となる．この二つの不等式

$$\frac{N_1}{N} \leq \frac{1}{k^2} \quad と \quad \frac{N_2}{N} \geq 1-\frac{1}{k^2}$$

は，まったく等価なものである．

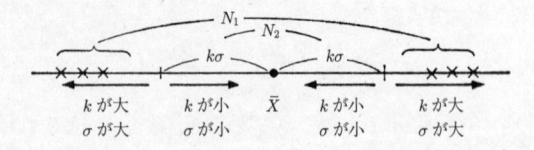

| | k が大 σ が大 | k が小 σ が小 | $\overline{X}$ | k が小 σ が小 | k が大 σ が大 |

補説4 ユニバースと母集団の数式的理解

大きさ N の母集団から等確率で独立に標本を抽出することにする.この母集団における**確率的平均値**(expectation,ふつう単に平均値という)は,期待値といわれるもので,〔要素の数値的標識 X_i × その要素の抽出確率 P_i〕を積みあげたものである.すなわち

$$\sum_{i=1}^{N} X_i P_i$$

が平均値で,$E(X)$ と書かれる.X は標識とその抽出確率を総称したものの記号である.つまり X は,

$$\left\{ \binom{X_1}{P_1}, \binom{X_2}{P_2}, \cdots, \binom{X_N}{P_N} \right\}$$

を総称したもので,**確率変数**とも呼ばれる.いま $P_i = 1/N$ と等確率で標本を抽出したとすると,

$$E(X) = \sum_{i=1}^{N} \frac{X_i}{N}$$

で,ユニバースでの算術平均 $\overline{X}$ と数値的に一致する.つまり

$$E(X) = \overline{X}$$

で,分散 σ^2 も X_i のかわりに $(X_i - \overline{X})^2$ とおけば次のようになる.

$$E(X - \overline{X})^2 = \sum_{i=1}^{N} (X_i - \overline{X})^2 P_i = \sum_{i=1}^{N} \frac{(X_i - \overline{X})^2}{N} = \sigma^2$$

ここまではユニバースの議論と思っていただきたい．こんどはユニバースの要素に等確率の抽出確率を与えて独立につぎつぎぬき出すということで母集団を考え，この母集団でのチェビシェフの不等式の意味を考えてみよう．これは，ユニバースの議論の，確率による読み換えである．

少し式を書いてみるが，ユニバースの算術平均と，母集団での確率論による平均（確率平均 $E(X)$）とが同じものになるところからみてみよう（補説4）．これで算術平均（$\overline{X}$）と分散とが，母集団における確率平均値で書き表わせることがわかる．今，前述の母集団から一つの要素を等確率で抽出したとすると，それが（X と表現することができる）$|X-\overline{X}| \geq k\sigma$ となる確率（前に示した N_1/N），つまり X が $\overline{X}$ より $k\sigma$ 以上離れている確率は，$1/k^2$ より小，逆に $\overline{X}$ の $\pm k\sigma$ の近くにはいる確率は，$1-1/k^2$ より大きい，という確率的推論が成り立つ．

こんどはデータからの実際の推論をやってみよう．この場合 $\overline{X}$ はわかっていない．わかっているのはデータとしての X である．このようにデータの X から $\overline{X}$ を推定しなくてはならないのが一般の推論である．具体的には，見方を変えれば X が標本による世論調査の結果と考えることができる．ある意見に対する賛成あるいは否の比率と考えればよい．$\overline{X}$ がユニバースでの賛成あるいは否の比率である．標本の比率は確率論の法則に従って，大きさ n の標本を取るたびに異なってくるが，これが母集団の確率平均値と等しいことは，前に示した通りである．同じよう

にして標本の比率 X の分散も計算できる（補説 6）．補説5のように不等式のとり方を変えると，X から $\overline{X}$ への推論が成立する．つまり，標本の比率から母集団の比率が推定できる．

何回も調査をやってこうした推論を行っていると，目的とする $\overline{X}$ がその範囲に入る確率が計算できる．つまり，標本平均に，プラス・マイナスの幅をつけておくと，そのなかに入る信頼度が計算できる．補説6でみるように，99% の信頼度ならば k は 10，95% の信頼度なら k はほぼ 4.5 となる．

前に 2 とか 3 とか書いたのに，k が 4.5 だの 10 だのと，幅が大きくなっているのはおかしいという疑問を持たれるだろう．ここでの推論は，あくまでも仮定をおかない一般的な論理である．しかし，標本の算術平均から母集団の算術平均を推定しようとする場合は，標本の算術平均は母集団の大きさが十分大きく，標本数がかなり多くなる（いろいろの条件がからむので一般にいくつとはいいがたいが，比率がいちじるしく小さくない時で，大体50～100を越える場合）と，ガウス分布という特殊な分布をすることが，確率論の定理（中央極限定理という）から証明されている．これによると，k は 4.5 とか 10 ではなく，前に 2(3) と書いたように，もっとせまい幅で高い信頼度を得ることができることになる（補説 6）．

補説5 X から $\overline{X}$ への推論のしくみ

チェビシェフの不等式を確率の言葉で置きかえれば,

$|X - E(X)| \geq k\sigma$ となる確率は $1/k^2$ より小さい

あるいは

$|X - E(X)| < k\sigma$ となる確率は $1 - 1/k^2$ より大となる

これをもとにすると, X から $E(X)$ への推定, つまり抽出された標本から得られたデータ X から母集団の確率的平均値 $E(X)$ すなわち, ユニバースの算術平均 $\overline{X}$ の推定ができる. 式で表わすと次のように示される.

$|X - \overline{X}| \leq k\sigma$ の確率は $1 - 1/k^2$ より大である.

$X - \overline{X} \geq 0$ なら $X - \overline{X} \leq k\sigma$ つまり $\overline{X} \geq X - k\sigma$ となり, $\overline{X}$ は $X - k\sigma$ より大.

$X - \overline{X} \leq 0$ なら $\overline{X} - X \leq k\sigma$ つまり $\overline{X} \leq X + k\sigma$ となり, $\overline{X}$ は $X + k\sigma$ より小.

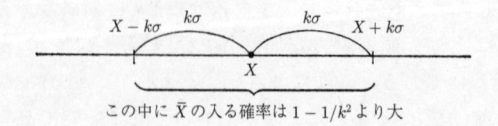

```
X − kσ    kσ       kσ    X + kσ
    └─────────┴─────────┘
              X
```

この中に $\overline{X}$ の入る確率は $1 - 1/k^2$ より大

補説6 標本調査による推定の仕方

X の分散は

$$\frac{N-n}{N-1} \cdot \frac{X(1-X)}{n}$$

と計算できる。この X は前に P と書いたものであるし，X は p と書いたものである。前の世論調査の例でゆくと

$$k\sqrt{\frac{N-n}{N-1} \cdot \frac{\overline{X}(1-\overline{X})}{n}}$$

となる。

$$\left.\begin{array}{ll} 1-\dfrac{1}{k^2}=0.99 & k=10 \\ 1-\dfrac{1}{k^2}=0.95 & k \fallingdotseq 4.5 \end{array}\right\} \text{であるから}$$

幅は $k\sigma$ となる。

標本数が多くなると X の分布がガウス分布となり，前に示したように k のところが 2(3) となる。

この章の後半，やや面倒な推論を書いたが，標本調査の理論的構造の基本的なところを説明したつもりである．ここを理解していただければ，限られた調査標本からの母集団への推論の道すじがおわかりと思う．

　なお，標本調査ではここで説明したことのほかに，標本抽出の精度をあげるための方法，標本抽出誤差を含めて実質的精度をあげる標本調査計画など，いろいろ研究されているが，これについては専門書を見ていただきたい．

第3章　質問の仕方の科学

4種類の質問法

 集団の性格を知るために,直接,調査の対象とする人たち(標本)が決まると,いよいよ実際の調査を行い,データをとることになる.統計・調査的な表現でいえば,標本に標識をつけるわけである.データのとり方には,基本的には,①観察をする,②実験をする,③質問などによって調査する,の3つの種類がある.このすべてにわたって原則のようなことを書いても,印象がうすくなってしまうだろう.そこで,社会調査の方面で考えるべきことの多い,世論調査方式による意識調査の問題をとりあげて説明しよう.

 相手の意見をたしかめるためには,直接,1対1で質問し答えを知るのがベストであることはいうまでもなかろう.われわれの日常生活での人と人とのつき合いは,大部分このやり方で成り立っている.だが,母集団からえらび出した限られた数の調査対象(標本)といっても,かなりの数があるし,住んでいるところもちらばっている.そこで意識調査の場合,次のようなさまざまな方法がとられている.

① 郵送による方法：調査票を郵送し，回答を記入したものを返送してもらう．

② 留置き法：調査票を各対象者のところにとどけ，対象者が記入したものを回収する．

③ 面接法：調査員が調査対象を1人1人訪れて一定の質問文により質問し，その回答を調査員が調査票に記入する．

④ 電話による方法：電話で質問し，その回答を聞いて記入する．

この他，学校など集団の調査を行う場合，学生・生徒に1カ所に集まってもらい，調査票をくばって記入してもらう，という留置き法の変形もある．かつては，1人の調査員が多数の調査対象に質問する集団面接法がとられたこともあったが，最近ではほとんど行われていない．

四つの質問法はやり方がちがうのだから，当然，個々の質問の仕方や注意しなければならない点は異なってくる．郵送による方法は，ぽんと調査票が送られてくるのだから，調査の主体がはじめ誰かわからない不安があり，それが回答の内容にまで影響する恐れがある．また質問の内容を直接，説明する人がいないため，調査票を読むだけで簡単にそのねらいが理解できるよう，各質問の並べ方などに十分配慮が必要となる．留置き法（調査票の配布・回収は調査員が行う）は，調査の主体がはっきりし，十分説明することもできるが，調査票への記入は回答者であるから，やはり調査票のレイアウト，質問の並べ方に注意しなけれ

ばならない．郵送法，留置き法は，いずれも指定した本人が本当に書いたかどうかわからない難点があるので，これを確認できるような調査法のくふうが必要となる．

　面接法は，調査員との対話の上で調査が行われるのだから，目的についての誤解も少なく，不明な点は何回も質問できるし，記入も調査員が同一基準で行うので間違えにくい．電話による方法は，主としてアメリカで行われている方法である．日本ではふつうでも電話で伝えたことをあとで手紙で確認するなど，電話だけで用を済ますことがまだ少ないので，あまり行われていない．電話の使い方はだんだん変わってゆくだろうが，質問の範囲が限られ，時間もあまり長くつづけられないのでやはり簡単な調査に限られるだろう．

　こうしてみると，調査員が1人1人直接，訪問して調べる面接法がもっとも理想的な方法で，現実にこの方法が意識調査の中心となっている．意識調査以外の社会調査でもこうした利点があるので，面接調査法がしばしば用いられている．今後はこの面接法を意識調査の質問法の原則とし，ここで生じてくるいろいろな問題を解決しておけば，あとは各方法にそれを応用していけばよい．

質問の性格を知る

　面接法でやってはいけないことは何か？　おしつけがましく誘導訊問的な質問は好ましくないことは，すぐおわかりだろう．また質問者が先にある意見を示したあと質問す

ると，回答がその意見にそった形になりやすいこともよく知られており，それを示す事例は数多い．しかし個々の場合にそのような原則的に好ましくない質問法が，どのようなゆがんだ結果を導くかの量的評価は，まだ十分調べられていない．

　こうした意味では事は簡単ではない．回答者がしっかりした意見を持っていれば誘導にはひっかからないし，時には意識的に誘導的な質問を行い，意見の強さの程度をはかるという高等技術もある．したがって，どのやり方がよくてどれが悪いかは問題の種類によって異なり，単純にはいえないが，一般的にはやはり回答にゆがみをもたらすこの種の質問法は避けるのが原則である．

　だが，質問法の一般的な原則はいろいろな社会調査の教科書にあるので，こうした原則を踏まえて一歩すすんだところをみてみたい．まずもっとも大切なのは質問の「性格」を知ることである，と私は思う．前にも述べたように，私は「調査で社会をさぐってゆく」という立場に立っている．質問はこの調査のための一つの道具である．具体的にはその質問の「性格」を知りこれを使って社会をさぐるからである．では質問の性格とは，どうしてとらえることができるのであろうか．その第1は，同じ質問をつづけてゆく，つまり継続調査をすること，第2は他の質問とどんな関係があるかを知ること，である．

　「あなたは何党を支持しますか」という質問と，「あなたは何党が好きですか」という質問に対する答えには差が

	昭和33	38	43	48	53
男 → 男	90	88	89	90	90
女 → 女	27	36	48	51	52

表4 生まれ変わりについての継続調査 (単位:%)

	昭和28	33	38	43	48	53
面倒見のよい課長を好む率	85	77	82	84	81	87

表5 人情課長を好む率 (単位:%)

ある，と前に述べた．この回答のパーセントのちがいが何を意味するかは，1, 2回の調査ではわからない．だが，長い間調査をつづけてみると，パーセントのちがいはあれその変化はほぼ並行しており，この2つの数字の動きが，選挙の結果にむすびつき，政治の大勢を表わす指標（インデックス index）になり得ることがわかる．

かつて「あなたは生まれ変わるとすると男になりたいか，女になりたいか」という質問で継続調査をしたことがある．その結果は表4のように（男でやはり男に生まれたい）という人の率は20年間ほとんど変わらず高いが，（女で女に生まれたい）という回答のパーセントは大きく変わっている．この（女で女に生まれ変わりたい）という意見（女→女）は，その時代の社会においての女性の女としての満足度を示す．それが年を追うごとに高くなってい

るのである．これら2つの例は，質問の持つ性格（それによって明らかになる社会の性格）が，1回だけではわからなかったのに質問をつづけることによってはじめてわかってくることをよく示している．

一方，日本人の国民性を知る調査でよく話題になる質問に「人情課長についての質問」がある（表5）．

① 規則を曲げてまで無理な仕事をさせないけれども人の面倒はみない課長と，② 規則を曲げても無理な仕事をさせることもあるが，仕事以外ではよく面倒をみる課長，のどちらのタイプの課長が好ましいか？　という質問である．

その結果は，昭和28年から53年までずっと，②の面倒見のよい課長を好む率が約80％と圧倒的でかつ変化しない．つまり日本人は人情課長好みだという結果である．ところが，質問の文章の順序を変えてみると面白い結果になった．今度は，① 面倒をみないけれども規則を曲げない課長，② よく面倒はみるが規則を曲げる課長，という表現にしてみたところ，意味は変わらないのに，①を好む人が48％，②が47％とほとんど差がない．これでは日本人が人情課長を好むとは結論できないが，いったいどちらの数字が真実を伝えているのだろうか．

そこでイメージを聞いてみると，①のタイプの課長は最初の質問の順序では「官僚的で冷めたい」という感じを受けるが，質問の順序を逆にすると「近代的でスマート」というイメージが多くなる．また，②のタイプの課長は，

最初の順序では「頼りになる，心が暖い，キモが太い」という感じで，順序を逆にすると「でたらめ，公私混交」という印象をより多く受ける．つまり質問の前後を入れ代えただけで，一般の人に与える課長のイメージが変わってしまう．これは質問をつくるうえで重大な問題である．

本当に日本人は人情課長を好きなのか？　をたしかめるために，こんどは他の質問をしてみる．①月給は高いが会社のつき合い以外は何もしないような会社，②月給は多少，安いが家庭的な雰囲気の会社，どちらの社風の会社が好ましいか，という質問である．その結果は，②の家庭的雰囲気のある会社を好む率が昭和48年で74％，53年で78％と時代を越えて高い．この結果とはじめの質問への回答結果やそのほか行った質問の結果を合わせてみると，個々別々の具体的状況ではいろいろあるにせよ，全体的にはやはり「近代的組織のなかでも日本人はこうしたイメージを与える人情味のある雰囲気が好き」という結論を出すことができる．

このように単独では確信をもって結論づけられない社会の傾向も，ある質問と他の質問を関連づけることにより，明確に性格づけできるのである．

「賛成」と「反対」の真の意味

もう四半世紀以上も前の昭和31年，日ソ交渉が当時の鳩山首相のソビエト訪問で北方領土問題たなあげのまま妥結した時，一つの調査をしたことがある．当時，革新系

の多い東京の目黒区と，保守系の多い台東区で，同一人を対象として調印の前とあと，2回にわたって同じ質問をしてみた．「交渉を早くまとめるためには，領土問題ではゆずっても仕方がない」「交渉が長びいても，領土ではがんばるべきだ」のどちらの意見に賛成かを聞いてみたのである．

その結果は鳩山首相がモスクワへ出発する前は，「早くまとめるべきだ」という意見が多数だったのに，交渉が妥結し調印が行われた直後，まだ鳩山首相が帰国していない時期には，「領土をゆずるべきではない」という意見が半数以上，「領土はゆずっても……」という意見が4分の1と，逆転してしまった（図5）．

鳩山さんは国民の多数意見にそって早期妥結を果たした，と意気揚々と帰国したのに，帰ってきた時には世論が変わってしまって，結果として世論に反する形になってしまったのである．よく世論をリードするといわれる新聞論調は，鳩山さんの出発前も帰国後も，「早くまとめるべきだ」「妥結してよかった」というのがほとんどだったから，マスコミのせいで世論が変わったのではない．この数字の変化をみて，私は世論をとらえるむずかしさをつくづく感じたものである．

では，なぜこのような逆転が起こったのであろうか．どうも「領土をゆずっても……」というところに問題がありそうである．この調査では，「現状でどこまで領土を確保すれば満足するのか」という質問をぶっつけてある．する

第3章 質問の仕方の科学　　085

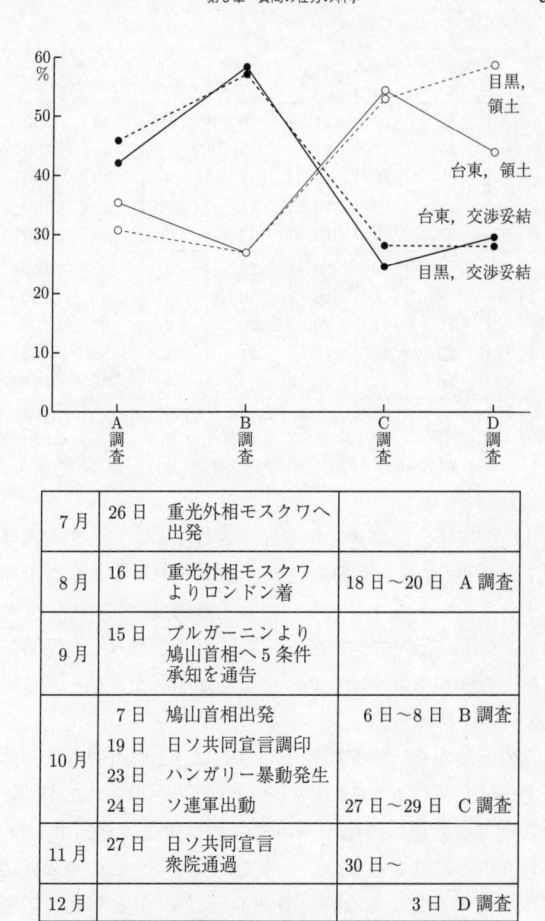

7月	26日	重光外相モスクワへ出発	
8月	16日	重光外相モスクワよりロンドン着	18日〜20日　A調査
9月	15日	ブルガーニンより鳩山首相へ5条件承知を通告	
10月	7日 19日 23日 24日	鳩山首相出発 日ソ共同宣言調印 ハンガリー暴動発生 ソ連軍出動	6日〜8日　B調査 27日〜29日　C調査
11月	27日	日ソ共同宣言衆院通過	30日〜
12月			3日　D調査

図5　昭和31年，日ソ交渉の際の意見の逆転

		南樺太と千島全部	千島全部	南千島	ハボマイシコタン	なにもいらぬ	その他わからぬ	計
本来はどこまで	A	32	18	14	6	1	29	100
	B	35	22	13	5	1	24	100
	C	26	20	16	7	2	29	100
	D	33	19	10	11	1	26	100
	E	24	22	12	5	3	34	100
現在の段階で	A	7	9	19	25	3	37	100
	B	8	6	18	30	5	33	100
	C	11	11	19	20	2	37	100
	D	12	13	18	21	1	35	100
	E	10	14	23	19	4	38	100

(A, B, C, D は図5に示した調査時点の台東区と目黒区の算術平均. E は 1979 年 2 月, 東京 23 区)

表6 領土の確保についての意見 (単位:%)

と「ハボマイ, シコタンが確保できればよい」とする人はわずか20%程度, その他の大多数は「少なくとも南千島クナシリ, エトロフ」あるいは「千島列島全部」という考えで, 「領土をゆずっても……」といいながら, 実際的には領土をゆずる気持がなかったことが明らかになった (表6).

この経験から, 外交問題というのは, 1回だけの世論調査を盲信してやるとこわい, という教訓が得られたが, このことはこの種の問題についての世論調査は意味がない, ということにはならない. そうではなくて, この種の問題についての意見を単なる「賛成」「反対」でとらえるのではなく, 各人の"意見の構造"を知ることのできる方法を

考え出せばよいのである．

オハジキは語る

考えてみれば，われわれ自身，「イエス」「ノー」と単純に答えられる問題はそう多くない．人間の心はそれほど簡単に割り切れないのが普通なのである．そこでこのような場合私たちは，オハジキを使うことがある．オハジキを5個用意し，相反する意見，たとえば「高福祉・高負担」「安い税金・低福祉」といった意見のうち，自分の好むほうにオハジキを置いてもらう．対立する意見であるから，本来は一方に賛成すれば他方の意見には反対せざるを得ないはずである．しかし，実際にはオハジキの数は5対0あるいは0対5にはならず，3対2あるいは2対3と置く人が非常に多い．

この事実は何を意味するのであろうか．ひと口にいえば，少数意見は外にあるのではなく各人の心の内部にあることを示している．ある政策に表面的に賛成し，質問に対しては「賛成」と答えても，心の中には必ずかなりの反対意見があるものである．だから世論調査である政策に対する支持率が70％もある，といってその政策を実行に移した場合，すべてよいことづくめでことが運ぶとは限らない．ある政策をとれば，必ずかんばしくない面が出てくる．政策には常に光と影がつきものである．こうなると表面的には賛成だった人が，心の中の反対意見にそっていっきょに反対に転じてしまうことがある．世論が常に満足す

るような政策をひたむきにとることは，少なくとも日本では困難なことがわかる．不満足が増大しないように必ず裏の部分の手当てをしておく必要があるのである．

在京米英人（大半がアメリカ人）に対して同じような調査を行った結果でも同じような傾向が認められるが，外国人の場合は，2対3あるいは3対2とオハジキを置く人が日本人よりやや少なく，内部に反対意見を抱く性質は，日本人にとくに強いようである（図6）．

同じ傾向は政党支持などについても認められる．オハジキを10個持たせて，「あなたの支持する政党に置いてほしい」と頼むと，公明党支持者は10個を公明党に置く人が多いが，他の政党支持者で10個を1つの党に置く人はあまり多くない（図7）．また，「総理大臣に望ましい性格は？」という質問（5つの性格をあげておく）をオハジキ10個で答えてもらうと，その5つにまず2個ずつ置いたあと，小さな修正を加える人が圧倒的に多い．いろいろな調査データや社会の動きに表われる日本人の"バランス感覚"あるいは"平衡感覚"といってよいものがここでも表われているのである．また，「イエス」「ノー」の他に，中間回答つまり「どちらともいえない」という回答欄のある質問をすると，日本人の場合，やはり中間回答が一番多く出てくる傾向がある（図8）．

A. オハジキを使った質問

〔質問〕政治のあり方として，次のそれぞれのどちらがより大切だと思いますか？　大切と思われる割合によって，この5つのオハジキを分けてみてください．大切な方により多く，大切でない方により少なく分けることになります．〔オハジキ5個使用〕

(1) ｛
イ．国民にあまりこまかいことは知らせないが，問題にいちはやく対応する政治
ロ．対応が遅れることがあっても，国民に一から十までこまかくくわしく知らせる政治

(2) ｛
イ．国民の大多数が納得するまでは，ものごとに手をつけない政治
ロ．少数の反対意見は出ても，強い指導力をもって，実行していく政治

(3) ｛
イ．現在の国民の負担がふえることがあっても，将来の財政を見通して，先手・先手を打っていく政治
ロ．将来，国の財政状態が悪化する可能性があっても，現在の国民の負担をふやさない政治

(4) ｛
イ．手間やお金がかかっても，声なき声を尊重し，困っている人に思いやりのある政治
ロ．こまかい点の配慮に多少欠けることがあっても，効率がよく，お金のかからない政治

B. 日本人と在日外国人のウエイト配分

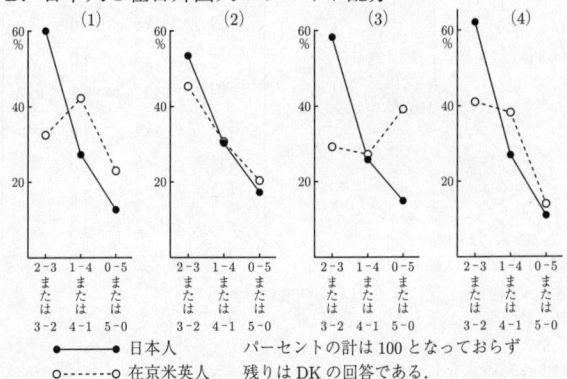

図6　日本人と在京米英人のウエイト分配の型のちがい

●——— 日本人
○------- 在京米英人

パーセントの計は100となっておらず残りはDKの回答である．

A. オハジキ使用の政党支持についての質問

〔質問〕あなたは何党を支持しますか. この 10 個のオハジキを, あなたの支持する程度に応じて分けて下さい. 〔オハジキ 10 個使用〕

1. 自 民 党 ………………………………………… □ 個 ┐
2. 社 会 党 ………………………………………… □ 個 │
3. 民 社 党 ………………………………………… □ 個 │合
4. 公 明 党 ………………………………………… □ 個 │計
5. 共 産 党 ………………………………………… □ 個 │10
6. 新自由クラブ ………………………………… □ 個 │個
7. 社 民 連 ………………………………………… □ 個 │
8. その他の政党 ………………………………… □ 個 ┘
9. 支持する政党はない
10. DK

B. ウエイトつき支持政党 (日本人)

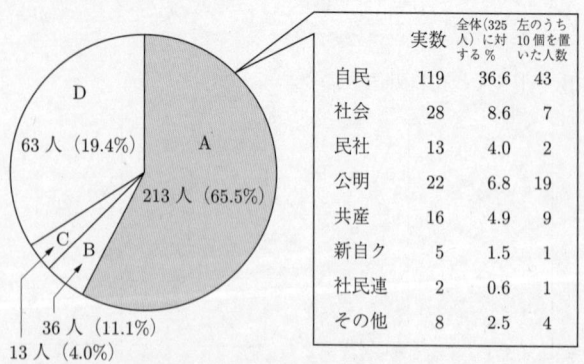

	実数	全体(325人)に対する%	左のうち10個を置いた人数
自民	119	36.6	43
社会	28	8.6	7
民社	13	4.0	2
公明	22	6.8	19
共産	16	4.9	9
新自ク	5	1.5	1
社民連	2	0.6	1
その他	8	2.5	4

D 63 人 (19.4%)
A 213 人 (65.5%)
B 36 人 (11.1%)
C 13 人 (4.0%)

A：最高個を 1 党に置く 213 人 (65.5%)
B：最高個を 2 党, 3 党に分配 36 人 (11.1%)
C：どの党へも 2 個以下 13 人 (4.0%)
D：支持政党なし, DK 63 人 (19.4%)

計 325 人

図7 オハジキによるウエイトつき質問と, その結果の一例

A. 中間回答のある質問

①小学校に行っているくらいの子供をそだてるのに,次のような意見があります.「小さいときから,お金は人にとって,いちばん大切なものだと教えるのがよい」というのです.あなたはこの意見に賛成ですか,それとも反対ですか?
  1. 賛 成   3. いちがいにはいえない   5. DK
  2. 反 対   4. その他(   )

②こういう意見があります.「世の中は,だんだん科学や技術が発達して,便利になって来るが,それにつれて人間らしさがなくなって行く」というのですが,あなたはこの意見に賛成ですか,それとも反対ですか?
  1. 賛成(人間らしさはへる)   3. 反対(人間らしさは不変,ふえる)
  2. いちがいにはいえない   4. その他(   )
  5. DK

③あなたは,自分が正しいと思えば世の中のしきたりに反しても,それをおし通すべきだと思いますか.それとも,世間のしきたりに従った方がまちがいないと思いますか?
  1. おし通せ   4. その他
  2. 従 え   (   )
  3. 場合による   5. DK

B. 回答分布

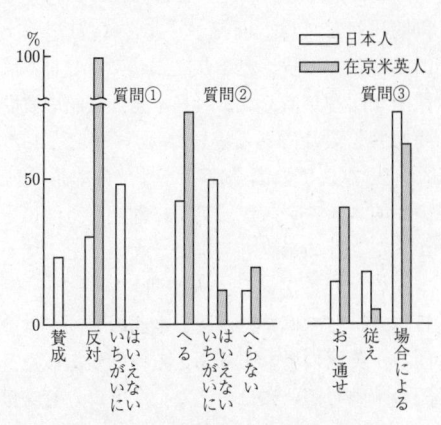

図8 中間的回答のある質問と回答分布

回答に表われる国民性

この日本人の"バランス感覚"あるいは"中間的意見好み"を，さらに追究してみた一つの調査がある．日本語と英語で同じ内容の自記式の調査票をつくり，筑波大学の学生と，ハワイ留学中の日本人学生を調査対象としてそれぞれを無作為（ランダム）に2つのグループに分け，一方には英語の調査票を，他方には日本語の調査票をわたして回答してもらった．この2つのグループが等質であることは，別の英・日両国語の質問を試みてたしかめてある．なお質問をつくる際には日本語の質問を英訳し，それをもう一度和訳するなどして，できるだけ正確に同じ意味を伝えるよう配慮してあり，英語の調査票を与えられたグループには，辞書の持ち込みを認めた．そうすると，英語での質問に対しては，回答が「非常に賛成」「反対」など断定的なところに多く集まり，これに対し日本語の質問では中間的な回答が多くなる（日本語，英語の質問の回答欄に中間回答を入れてある場合），というおもしろい結果となった（表7）．この調査だけでは，日本語では十分伝わった中間的ニュアンスが，英語に翻訳した際に十分表現できなかったことの影響も否定できない．そこでハワイ在住で日本語のわかるアメリカ人に同じ調査を行ってみたところ，日本人ほどではないが，日本語の質問ではやはり中間的な回答が英語の場合よりふえる傾向があった．どうも，日本語の「いちがいにはいえない」という意味は，日本語独得のニュアンスを持つものかもしれない．

調査対象	質問文	断定	中間	その他（%）
①筑波大学生	英語	70	29	1
	日本語	42	58	0
②ハワイの日本人	英語	60	37	3
	日本語	44	54	2
③ハワイのアメリカ人学生（英語のみ理解）	英語	69	30	1
④ハワイ非日系アメリカ人学生（日本語も理解）（14人）	英語	70	30	0
	日本語	55	45	0

④の回答肢の総計

日本語＼英語	断定	中間	日本語の計
断定	42	4	46
中間	17	21	38
英語の計	59	25	84

表7　日本語と英語による質問のちがい

こうしてみてくると，質問の性格を知るには，質問の文字づらではなくそれが意味する内容をよく理解しなければならないし，さらに質問を与えられた相手がどう反応するか，という問題が必ず残ることに注意する必要がある．ここでもう一つ興味ある調査を示そう．

図9のように，たとえば「たいていの人は，他人の役に立とうとしていると思いますか．それとも，自分のこと

質問1 他の人の手助けをしようとしている人もいますが、自分のことだけに気をくばっている人もいます。あなたのまわりを見たとき、たいていの人は、他人の役にたとうとしていると思いますか。それとも、自分のことだけに気をくばっていると思いますか？

		1980年 頭なし	1982年 頭つき （下線部 あり）	1983年 頭つき
		%	%	%
1. 他の人の役にたとうとしている	1	17	25	24
2. 自分のことだけに気をくばっている	2	79	69	66
3. その他（　　　）	3	1	3	8
4. DK	4	3	3	3

質問2 スキがあれば利用しようとしている人もいますが、そうでない人もいます。あなたのまわりを見たとき、たいていの人は、スキがあれば、あなたを利用しようとしていると思いますか。それとも、そんなことはないと思いますか？

1. 利用しようとしていると思う	1	46	29	25
2. そんなことはないと思う	2	52	67	71
3. その他（　　　）	3	0	2	2
4. DK	4	2	2	2

質問3 信頼できる人もいますが、用心した方がよい人もいます。あなたのまわりを見たとき、たいていの人は信頼できると思いますか。それとも、用心するにこしたことはないと思いますか？

1. 信頼できると思う	1	29	43	49
2. 用心するにこしたことはないと思う	2	70	52	46
3. その他（　　　）	3	0	4	3
4. DK	4	2	1	2

図9 頭つき質問による回答の変化

だけに気をくばっていると思いますか」という基本質問をつくり，答えには「他の人の役に立とうとしている」「自分のことだけに気をくばっている」など4つの回答欄を与えておく．そしてこの質問をこのままぶつけた調査と，この基本質問に「他人の手助けをしようとする人もいますが，自分のことだけに気をくばっている人もいます．あなたのまわりをみた時……」という文章を頭につけて調査した時とを比べてみる．すると，頭なしの質問の場合と頭つきの質問で，答えの率がはっきりちがってくる．質問①②③とも，いずれも頭つき質問の場合"人間の善意"を信じるような回答の率が大幅にふえている．偏りを与える誘導とはみえないような頭の文章が置かれることによって，これだけの差が出てくるのはなぜだろうか．

　頭の文がないとき，日本人は「人間を悪くみる」ほうに気がゆく．つまり人間が信用できないという事例が頭に浮かぶことが多く，その線に沿って回答するのではないか．頭の文章をつけると，この頭に浮かぶところが変わってくる，つまり両方を思い浮かべることによって判断が出るのではないか，と考えられる．人間の行為に対しては，悪いほうが目につくというのが，日本人の一つの特性かもしれない．

　NHKがかつて，日本，西ドイツ，アメリカの3つの国の人を対象に国民性の調査を行ったことがあるが，このなかで日本と西ドイツの回答が似たような傾向を示すのに，アメリカの回答だけがはなれるような質問内容があっ

た．それは「現在の生活に満足しているか」「人生の意味や目的について考えることがあるか」といった種類の質問で，「現在の生活に非常に満足している」と答えた人は，西ドイツ17%，日本10%に対し，アメリカは50%．また「人生の意味や目的を考えることがよくある」と答えたのは，西ドイツ28%，日本28%，アメリカ52%で，アメリカだけ特異な数字であった．さらに回答の内容をよくみてみると，アメリカ人の場合，「非常に満足している」とか「非常によいと思う」など最上級の強い回答を好む傾向があり，アメリカ人は一般にものごとのよい面を見るとともに，強い表現に反応しやすい傾向が認められた．

　意識調査において質問をつくる場合，基本的な原則を踏まえながらも，このように同じ質問でも国民・民族によってそれに対する反応が異なる場合もあり得る（すべてについてちがいがあるわけではない）ことを理解しておかなければならない．

憲法改正をめぐる意識

　先にもふれたように，調査対象となった人がはっきりした意見を持っている時には，どのような質問の仕方をしてもほぼ同じ調査結果になる．ところが，複雑でなかなか割り切れない問題，あるいは日常生活とかけはなれたあまり切実でない問題では，質問の仕方によって回答は大きく変わってくる．

　NHK放送世論調査所では，昭和38年から，憲法改正

問題について全国有権者調査を継続して行っている．この調査の質問は「あなたは今の憲法を改正する必要があると思いますか，それとも改正する必要がないと思いますか？」というもので，それに対する回答としては次の4つをとりあげてある．① 改正する必要があると思う，② 改正する必要がないと思う，③ どちらともいえぬ，④ その他・わからない．

この調査結果は多少の変化はあれ，10年間つづけて①と②それに③＋④の3つがほぼ3分の形で，賛否どちらとも決しがたい（表8のA）．

一方，同じ憲法改正問題について，私どもの文部省統計数理研究所が行った調査がある．この場合は「あなたは現在の憲法についてどう思いますか．次のうち一番近い意見をあげて下さい」という質問に対し，① 将来はもっと社会主義的な憲法にすべきである，② ただちに日本の本来の国情にあった憲法に改正すべきである，③ 時期をみて実情に合わない点だけ小修正したほうがよい，④ 今の憲法は絶対に変えるべきではない，の4つの回答欄を設定した．その結果は①②③をあわせた改正指向の回答が約70％，現行憲法絶対護持は12〜14％となり，NHKの調査結果とちがうニュアンスが感じられたのである．

ところが，回答文を分析してみると，こんどの回答文は「将来は」「ただちに」「時期をみて」というタイムスケジュールを示す言葉が入っており，「ただちに改正する」という回答だけ取り出せば15％程度となってしまう．し

A. NHK調査(『図説戦後世論史』日本放送出版協会, 1975) (%)

	38年11月	40年6月	42年1月	43年6月	44年12月	46年6月	49年2月
1.改憲賛成	25	23	24	26	32	36	31
2.反　　対	21	24	27	27	25	31	36
3+4 どちらともいえぬ・その他・DK	54	53	49	47	43	33	33

B. 統計数理研究所調査① (%)

	東京都23区				全国	東京都23区		
	38年春秋	39年春秋	40年春秋	41年春	42年春秋	42年春秋	43年春	47年秋
1.もっと社会主義的に(将来は)	11　9	8　12	9　10	11	11　12	12　11	14	10
2.日本の国情にあった(ただちに)	11　13	13　15	13　13	15	17　16	20　16	18	13
3.小修正(時期をみて)	46　55	52　50	47　43	45	45　47	44　44	45	46
1+2+3　小計	68　77	73　77	69　66	71	73　75	76　71	77	69
4.絶対かえるな	9　8	11　10	12　12	12	10　10	10　11	12	14
その他・DK	23　15	16　13	19　22	17	17　15	14　18	11	17

C. 統計数理研究所調査② (東京都23区) (%)

	36年春	48年春
1.改正すべきである	19	21
3.もっと革新的な憲法に	14	15
1+3 小計	33	36
2.いまの憲法を続けて行くべきだ	41	43
その他・DK	26	21

表8　憲法改正に対する意見の推移（表中の年次は昭和）

図10 憲法改正に対する意見の構造

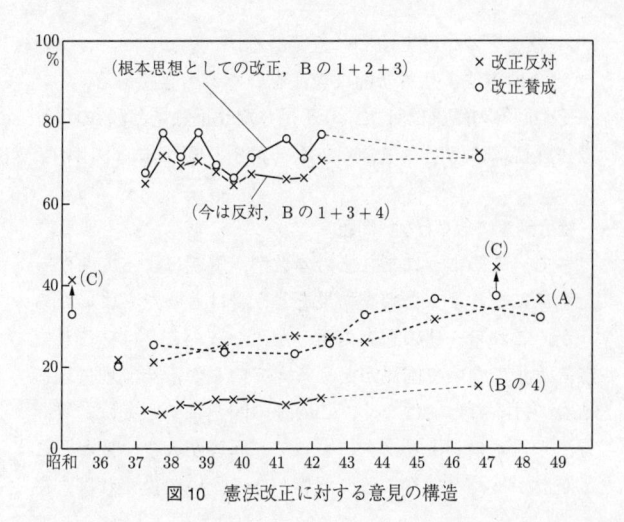

たがって"いま改正をすべきか否か"に問題をしぼると,改正反対はこの他のすべてを足した70%あまりとなり,改正反対が絶対多数になる(表8のBおよび図10).

さらにもう一つ同じ問題について統計数理研究所が行った調査をみてみよう.こんどは「今の憲法についていろいろいわれていますが,あなたはどう考えますか」という質問で,次のリストから自分の意見に合うものをえらんでもらった.

① 日本の実情に合わないことや行きすぎている点から,今の憲法は改正すべきである.
② 多少の欠点はあっても,立派な憲法であるから今の

憲法をつづけてゆくべきである．
③ 今の憲法より革新的な憲法をつくるべきである．

その回答の結果は ① と ③ を足した改正意見と ② の現行憲法護持はほぼ同じ割合である（表8のCおよび図10）．

社会調査にそぐわない問題

さて，このようにまちまちの数字，解釈によってちがった意味になるような調査結果をどう受けとったらよいだろうか．これら一連の調査で明らかになったことは，これで憲法改正について国民がどう考えているか，を無理矢理に結論づけることではなく，この種の問題については，質問方法や言葉のレトリックによって，回答が大きく変わることがわかったということに意義がある．いい換えれば，憲

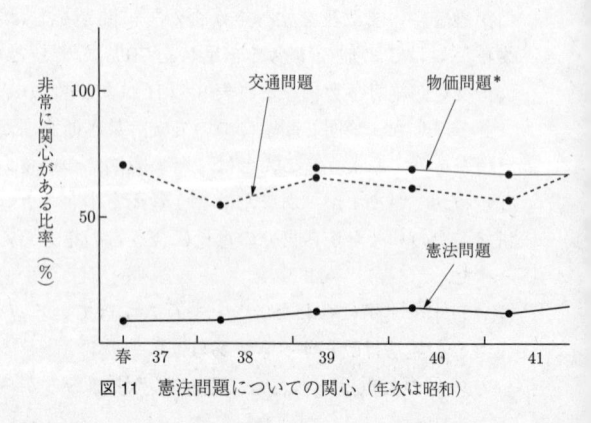

図11 憲法問題についての関心（年次は昭和）

法改正問題などのひとすじなわでいかない問題では，極端にいえば調査のやり方如何により，どんな結果でも出せるのである．意図的にそれが行われた場合，表面的には"社会調査という科学的方法によって調べた世論による……"といった使われ方がされる恐れがあるから，その危険性ははかりしれない．

よく「世論をよく調べてそれにもとづいて政策を決める」ということがいわれているが，今まで述べた事実は，この考えにある"おとし穴"を示している．これは憲法問題だけではなく，常々関心が強くなく，よく考えていないような問題にもあてはまる．図11にみるように，憲法問題は，公害，物価など一般の人々にとって身近で切実な問題に比べて，関心の度合がはるかに低いのである．

*物価については常にあまりにも関心が高いので44年以降は割愛

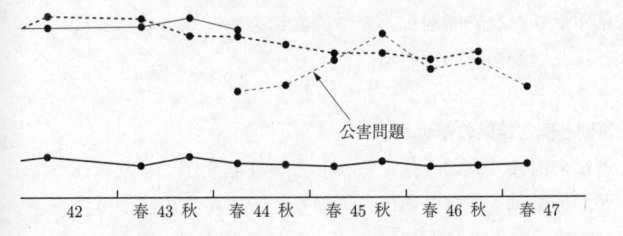

公害問題

42　　春43秋　　春44秋　　春45秋　　春46秋　　春47

結論として，この種の問題は政策決定のための世論調査の課題にそぐわない，といってよいだろう．勿論，今までに展開してきたように，この種の調査でいろいろのことはわかるが，これによって黒白のついた一定の結論を得ようとするのは，意識調査の本質的な限界を越えているのである．

意識調査の可能性を信じ，それを高めることにつとめるのは勿論である．しかしそれが成立する限界，わく組みを越えて利用することは，かえって調査への不信をまねき，現実に間違った結果をみちびくことになる．先に述べた日ソ交渉のような外交問題も同じで，一般庶民の本音は，「領土もほしいし，早く妥結もしてほしい」という二律背反する考えである．

新聞や放送機関が行う世論調査に対して「会社によってちがう結論だ」とか「実情を反映していない」という批判がよくある．しかし，この批判が世論調査そのものに対するのであればすじちがいともいうべきもので，批判するならば，1人1人の中に矛盾する考えがあり，まだ確固たる意見の形成がない問題を，意識調査によって知ろうとしたことに問題があるのである．

質問と回答結果のゆがみ

選挙の前に「誰に投票するか」という調査がよくやられるが，世論調査で名をあげた人のなかで支持率の高かった人は実際にはそれほど得票せず，事前の支持率の低かった

〔衆議院4人区の場合〕

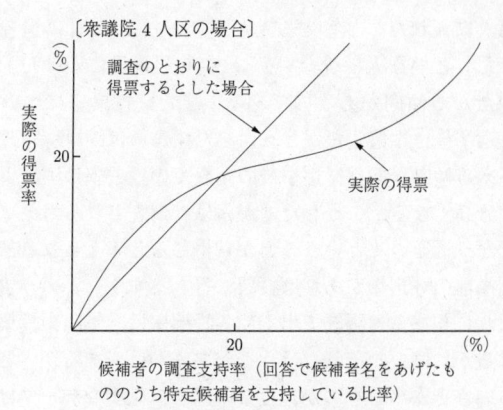

図12 予想得票数と実際の得票数のちがい

人は，実際には思ったより多くの票を獲得する傾向がある．つまり事前調査では，強い人，有名な人はより強い形であらわれ，弱い人はより弱く出る傾向がある．だから，選挙の事前調査の結果と実際の得票をグラフにしてみると，図12のように事前調査の結果が選挙の結果と一致すれば勾配45度の直線に乗るのに，現実の得票数は3次曲線となり，この傾向は調査の時期，種類，定数別にみるとこの30年間ほとんど変わらない．

同様に，事前調査では現職議員が実際より強く出て，新人や元議員は弱く出る傾向があり，新聞社などの選挙予測は，一般にこの傾向を考えに入れて予測している．また，投票日のあと「誰に入れましたか」と質問すると，「当選

した人に入れた」と答える人が実際より多く,「落選者に入れた」という人は少ない.つまり,"勝馬にかけた"といいたがる傾向があるのである.また,投票率についても,選挙後,投票したかどうかをたずねれば,「投票した」と答える傾向があり,選挙後の調査での投票率は実際よりずい分高くなる.こうしたゆがみは,調査される対象(標本)がうそをつくということから生じると考えられる.

選挙前の「選挙があれば投票に行きますか」という質問もこれに類する.調査で出てくる投票率は,実際の投票よりはるかに高い.それだけうそがあるわけであるが,どのくらいうそが出るものか.投票の場合,確実なデータは選挙人名簿の投票者のチェックの印を見るほかはない.最近は,それを見ることができなくなったのでたしかめようがない.古いデータであるがあげておこう(表9のA).昭和33年東京都23区のデータである.

積極的に選挙に行くという人は,投票することが多いが,積極性を欠く人でも相当に投票していることがわかる.昭和30年の東京都知事選挙の1週間前の調査でも同じ傾向を示している(表9のB).

なお,選挙のあとで「その選挙に投票したか否か」をたずねた結果と,実際の投票・棄権の状態をみると表10のようになる.

日本ではうそつき率は14〜21%であるが,アメリカの例では,14〜25%となっており,いずれも棄権したのに投票したというものが多い傾向が出ている.回答にはこう

A. あなたは，衆議院の総選挙があるとき，ふつうはどうしますか？

リスト使用	人数	左の人数の実際の投票率（33年衆院）
なにをおいても投票する	185	83%
なるべく投票するようにつとめる	155	72
あまり投票する気にならない	22	50
ほとんど投票しない	12	
計*	382	75

* 不明をふくむ．調査は選挙の前

B. あなたは，今度の都知事の選挙に投票にいらっしゃいますか？（約7日前）

	行くつもり	大てい行くつもり	まだきめてない	行かないつもり行けない	全体の投票率
実際の投票率	72	61	37	14	65

表9 選挙前の調査と実際の投票率

したゆがみが出ていると見てよかろう．

　これまで，意識調査での質問の方法について，いくつかの例をあげて説明してきた．実態調査においてもこれと同じような注意が必要である．一般的な原則は定質的にわかっても，量的にはそのたびに異なるものがあるので，軽々しく絶対数としての比率の多寡をうんぬんすることはむずかしい．質問の持つ性格を知り，前にも示したように，継時的な比較や他の質問との関係において——いわば相対的な動きを問題にして——社会をさぐるという考え方

	標本の回答	実際の行動	日本			アメリカ
			1955衆院選	1955都知事選	1951都知事選	1948大統領選
本当	投票する	投票した	67%	54%	71%	60%
	棄権する	棄権した	19	25	13	26
	計		86	79	84	86
うそ	投票する	棄権した	10	16	14	13
	棄権する	投票した	4	5	2	1
	計		14	21	16	14
	総数（%）（調査数）		100(1130)	100(269)	100(294)	100

表中の数字はその時の調査実数に対する比率（%）．たとえば1955年衆院選では事前の回答と実際の行動が一致したのが67%＋19%で86%，回答と実際の行動が一致しなかった，つまりうそつき率が10%＋4%で14%である．

表10　日本とアメリカのうそつき率の一例

に立つのが手堅い考え方である．

　質問の仕方の問題は，本で読んで心得ていても，自らその場に当たり，苦しさを味わわないと本当にわかるものではない．「その場に当たる」とき，ここでその一端を述べたようなことを忘れずに，しかも消極的にならず，積極的な態度で問題を切りひらいて行く心がまえが大切である．まさに冷暖自知というところであるが，その基本としての考え方を示したつもりである．

第4章　調査実施の科学

調査員による誤差

　調査の対象となる具体的な集団（ユニバース，母集団）が決まり，そのなかから直接，調査の対象となる限られた数の人たち（標本）が無作為にえらび出される．そしてどのような質問を設定し，どのような方式で回答を得るかという標識づけも決まった．あとは実際の調査を実施する段取りになるわけであるが，この実施段階で誤差が出ては，いままでの努力は水の泡になってしまう．ここでまず持ちあがってくるのが調査員の問題である．

　アメリカでは調査専門の会社・機関がプロの調査員をかかえ，専門に調査を行う場合が多い．しかしわが国では，今のところ新聞社などが行う調査では，社員の縁故者やアルバイトの学生などを一時的に調査員に委嘱するのがふつうである．先に述べた調査の前段階としての準備がいかに緻密に合理的に組み立てられていても，第一線の調査員が調査対象となった人々の意見を正しく聞き出し，正しく調査票に記入しなければ，調査の信頼性がなくなるのはいうまでもない．

　郵便配達のアルバイト学生が郵便物を途中で投げ捨

たりする事件がときたま起こることからみて、調査員をどうも信用できないと思う人がいるかもしれない。このため調査員になった方には失礼な話だが、「調査員がどんな調査をやっているか」という調査が過去にやられたことがある。第1の問題は「調査員は相手の回答を正しく記入するか」という点である。

調査員を1ヵ所に集め、その前で仮の調査員がある数の質問をし仮の回答者が答えるのを各調査員に記入させ、その精度を調べてみた。その結果は、質問項目の数で96％は正しく記入し、むずかしい質問でもその精度は83％と高かった。しかもその内容をよく調べてみると、間違ってつけた場合でも、反対を賛成というように完全に間違うことはまずなく、「非常に賛成」と「賛成」を混同する程度で、100％正確でないにしても、回答者の意見にほぼ沿った記入をしていたのである。また私自身も含めて調査員に知られないように回答者になって答え、調査員の記入とつき合わせてみたことがあるが、その時の正確さもほぼ同じで、その頃の調査員は想像以上に正確で十分信用できる、と確信した。

第2の心配は「調査対象に直接会わないで調査員が適当に記入してしまうこと」である。この点も実際に調べた結果では、通常の学生調査員を使う場合、調査票の10％程度はこの種のインチキがあるようである（地域によりバラツキはあるものの、今日でもこの数字はあまり変わりがないというデータがある）。そのような調査員の調査票を

1つ1つ調べてみると、仮に10人の調査対象を受け持った場合、行かないで記入するのはせいぜい1人か2人程度で、全部自分でつくってしまうことはまずない。そしてその"インチキ記入"の内容はというと、一般に常識的な答えが多く、つまり突拍子のない回答を記入することがないので、回答の幅がせまくなる傾向が認められた。本当に調査されたグループの回答と、つくられた調査票の回答を比較したところ、ほとんど10%以内の差で、多くても15%程度のちがいであることがわかった。

　以上のいくつかの"調査員の調査"から、わが国においては調査員の段階で生じる誤差はゼロではないが、専門家以外の人たちの想像する以上に少なく、調査結果全体に与える影響はかなり少ない。十分に実用上批判に耐える、ということができる。将来、プロの調査員が生まれるようになれば、自己の専門職へのモラルから、さらに正確度は高まるだろう。

調査不能の分析

　いくら調査員が良心的であっても、実際に調査が100%完全に行われることは期待できない。調査員が努力してもどうしても回答を得られないケースが出てくる。えらばれた対象が調査できなければ、別の人（代替標本）を調べればよいと思うかもしれないが、それでは統計的に無作為（任意に）抽出した意味が失われてしまう。無作為あるいは任意というのは、"デタラメ"にという意味にとられ

そうであるが，確率という方式で厳密に抽出された意味であって，いったんこの方式で抽出された対象は，必ず調査しなけば"デタラメ"さがくずれ確率的に意味のある標本にならず，調査結果にゆがみが出てしまうのである．

ある名簿（住民登録簿，選挙人名簿など）から標本にえらんだ人が転居した場合には，転居先にまで追いかけてゆくこともできる．しかし，死亡，まったく消息のつかめない人（家出人など），重い病気で入院中の人，海外在勤などの長期不在の人，精神的な障害などで回答できない人など，4％程度の調査不能対象が出ることは避けられない．つまり理論的な調査可能限界は96％と考えられる．現実には当然これより低くなる．NHK放送世論調査所がかつて調査不能の性格を徹底的に調べあげるという調査を企画し，私も参加したことがある（昭和48年）．移転先まで追跡するなど時間をかけて可能な限り調査を行って現実の調査可能限界を追究した結果では，86％まで回答を得ることができた．調査不能の理由は，前に述べた理由のほか住所不明，一時不在，回答拒否などである．NHKのやるふつうの調査のやり方のままではこれより悪く，74％くらいであった．

これを追及して86％まであげたわけだが，74％の第1次調査可能群と86％まで調査できた集団の回答比率を比較してみると，ほとんど1～2％の差に過ぎなかった．ある程度まで調査をしっかりやっておけば，その差は少なくなることがわかったのは救いであった．

同じような研究が，文部省統計数理研究所の研究（代表・鈴木達三）にある．昭和50年，51年にかけて岐阜市で行われたもので，6カ月にまたがって追及してみると，88％まで調査可能となり，さらに調査できそうなものを加えると91％，理屈の上で接触の可能性を考えると95％までになるという結果で，NHK放送世論調査所の結果に近いものが出ている．

調査実施率80％が目標

では，いったい何％まで調査できれば有効と考えればよいか．「それは数字だけではいえない．パーセントよりは調査の原則に従って緻密に考え如何に努力をしたかによる」というのが私の考えである．見かけ上の調査実施率が高くても，いい加減なところで調査を打ち切ったり，ランダム・サンプリング以外の人を調査したのであれば，それはもうランダム・サンプリングになっていないから問題外である．相手が確率的に無作為抽出の標本であることをよく認識して調査につとめたとして，われわれはどの程度の調査実施率をめざすかといえば，現在の状況ではふつう80％が目標になる．この数字は勿論，名簿からえらんだもとの標本に対してである．ここまでつめればまず大丈夫であろう．

しかし80％という数字は，ここまでできなければダメだという限界ではない．70％以下ではやはり努力不足であろうが，70％と80％の間でも，真面目にやっていれば

[調査可能群の賛成比率が50%, つまり賛否が半々の場合]

調査不能率	回答不能群の 仮定の賛成比率	不能群をくみ 入れた賛成比率
20%	0 (%)	40 (%)
	100	60
	40	48
	60	52
30%	0 (%)	35 (%)
	100	65
	40	47
	60	53

調査不能率20%の場合, 回答不能群の賛成比率を40%, 60%と仮定すると, 不能群を入れた賛成比率はそれぞれ48%, 52%となり, 調査可能群の賛成比率50%と2%の差しか出ない.

表11 調査不能で生じうる誤差

十分有効である. このことは前項のNHK世論調査所の調査のところで述べたとおりである. また, 80%調査できれば完全というわけでなく, 多少のゆがみが出るのは避けられない.

調査不能率が20%（調査率80%）で, 調査可能群のある意見に対する賛成の比率が50%, つまり賛否が相なかばする場合を考えてみる. この際, どれくらいの誤差が出るかを計算してみると, 一般に表11のように完全に調査できた場合との誤差は2%（賛成50%に対し賛成48%）以内にとどまるというのが, 実際の経験からいってよかろう. 調査不能率30%のところも同じように計算してある

が，このくらいの精度では調査不能群と調査可能群の意見の差が 10% より大きくなると考えられるので，表の 3% の差よりもっと大きくなる．現実問題として，代替標本なしで調査回収率 80% が目標であろう．ここまでつめればゆがみはかなり小さくなる．小さくなるといっても誤差は絶無ではないが，この程度の誤差はいたし方がないものである．

こうしてみると，調査実施の際の誤差は全体としてどうしても絶対数として 3〜4% はあると考えなければならない．これは前に述べた抽出標本からの推定の際に想定される誤差とほぼ同じ程度である（55 ページ）．このことから抽出標本の数をやたらに多くとって多少は精度をあげても，標本の数がふえればふえるほど実施段階での誤差も同じ比率でふえるので，意味がないことがおわかりであろう．

また，この実施段階での誤差・ゆがみは，継続調査での時期による比較，あるいは集団同士の比較などを行う場合は，同じ調査方法をとっている以上ふつうは同じ方向に同じように起こっていると考えられる場合，結果的に無視してよいこともある．ただ，調査対象のうち若い男と，高年齢層とで調査誤差の起こり方が逆になるような場合は，逆にその差が拡大される恐れがあるので，注意しなければならない．このあたり注意深く考えて分析，比較するのが賢明である．

調査の実施は，決められたことをただそのまま行う単な

る事務手続のようにみえる．しかし実際は今述べたように，統計的な方法に立脚して実施の実態，それによる結果の誤差・ゆがみを緻密に評価することが大切なのである．勿論，このようなこまかい評価を調査のたびごとにいちいち行うことはできない．調査の基礎的な研究によってその基本を十分把握し，生じうる誤差の幅をよく知ったうえで，調査結果を読めばよいのである．恐ろしいのは「誤差を出すこと」ではなく，「誤差のあることを知らない」ことである．

今日の調査の現場の人の意見に答える

今まで書いてきたことは私の調査に対する考え方である．これらは意識調査の企画から現場の調査まで自分で行っていた時に得たものである．しかし，残念ながら今日，私は面接調査を自分でいちいちやっているわけではなく，調査実施の担当を自らやっているわけではない．

この頃，現場の方から，今日の調査環境の悪化のもとでは，私のいうことは空理空論であるという話を聞く．たしかに，調査のために利用できる名簿の質の低下など調査環境は悪化はしているが，私の主宰する調査では，80%あたりの回収率を得ている．勿論，代替なしのランダム標本に対してである．これを達成するためには，まず通常の調査を一通りやり，これを打ちどめにする．次に調査不能者のリストを新たにつくり直し，新しい調査として再度調査員を代えて調査を行うという方式をとっている．時間をか

けて行っているわけで，いつも調査の質の向上に情熱をかたむけているのである．前に示したNHKの放送世論調査でも，こうした方法で移転先まで追いかけたわけである．調査に関係する人はこうした情熱を持ち，こまかい配慮をすみずみにまでくばり，訪問を重ねる必要がある．これなくしては勿論，質のよい調査はできるものではない．

これはなにも無理矢理に押しまくるのではない．調査は標本となる調査対象の人の好意と協力のもとにはじめて可能になるので，調査するものとされるものとの信頼関係が不可欠のものである．調査機関や調査員は態度を厳正にして信頼を得るようにひたむきな心構えを必要とする．まさに望ましい人間関係を保つことである．調査すべき内容も，あくまで節度と倫理があってしかるべきである．これをなおざりにし安易に流れると回答拒否が多くなり，得られた回答自身もずさんなものになる．

私はこうした努力を行うものとして調査を考えているのである．このための調査機関のとるべき措置，調査員教育のあり方は各自各様のくふうがあろう．調査機関のパブリック・リレイションズ（PR）の問題でもある．環境が悪化したから調査不能率が高まる，だから代替標本をとってよい，ではランダム・サンプリングという値打ちはない．調査機関の費用がかさむのはいたし方ないので，正確な調査を望む依頼主は情報に見合う費用を，当然，出さなければならないものである．こうした認識を深めるための努力は，いくらしても十分ということはない．

また標本抽出がむずかしくなった（名簿閲覧の困難）とすれば，これに代わるリストを自らつくる（いわゆるリスティング）こと——これにはぼう大な費用がかかる——や世帯抽出にもとづく個人調査など，考えれば方法はある．いずれにせよ，標本抽出が困難になった点は，これを正しく克服する道を開発するのが，調査研究者，調査関係者の本当の仕事である．ここが理論的に処理されねば，調査の科学はない．形の上の数式の応用のみが調査の科学ではないのである．

調査不能，つまり面接が困難な場合は，前にも述べた，留置き法による自記式（調査員による調査票の配布回収方式）によれば，通常回収率は上がるものであるが，本人が本当に回答したかどうかをチェックする仕組みをつくりあげておかなくてはならない．指定した人の生年月日，最初に行った小学校の名前（本人のみしかわからないようなものがよい）など書かせたり，本人が書いたかどうか回収の時たしかめるくふうを種々こらす必要がある．自記式と面接では回答のとり方が異ならざるを得ないことがある．

中間回答を入れた時は，自記式では中間回答がより多くなる傾向があり，段階で回答をとる時（非常に賛成，賛成，どちらともいえぬ，反対，非常に反対など）中央により多く集まることもあり，何か特別の理由で——あとからは理屈がつけられるが事前にはなかなかわからないものである——回答に差が出るものもあるので注意が必要である．しかし，一般には差はそれほど多くない（大きさ500

〜600程度の標本では，10%以内におさまる）という研究がある．

電話調査の問題

面接が大変というので，これも前にふれた電話調査がアメリカではさかんに用いられている．日本でも，電話調査と面接調査の回答の差を研究したものもあるが，やはり面接調査の代用とはなりがたい．電話調査で厳格な面接調査の代用にしようとすれば，事前の大調査を必要とし，電話の有無を調べ，これを台帳にして調査対象の標本を抽出するという二度手間になる．第1回の大調査の回収率が80%とし，電話調査での回答比率が70%ということなので，もとの集団に対して回収率に相当するものが56%となり，ランダム・サンプルといえるようなものでなくなってしまう．

電話調査は，比較的，手軽に行えるが（電話帳による等確率抽出，乱数表による電話番号抽出などをもとにして対象を決定するのであるが，常に一定の方法に従って標本を決める必要がある．ここが変わればデータの性格は比較の域を越える），質問事項は電話で答えやすいようなもののみを用い，電話調査という調査のジャンルを確立し，これにもとづく情報の性格を踏まえ，その活用を考えるのがよい．決して厳格な抽出にもとづく面接調査の代用と考えるべきではない．これをいかに活用するかは，調査経験の積み重ね，データの性格と現実の情報との対応の常時把握に

ゆだねるほかはない．必ずやその効用を経験的にたしかめられ，その情報価値の位置づけができるものと思っている．

疑似ランダム・サンプルの問題

前述したように，調査環境が悪化し，一定の日時と費用しかかけられない場合はどうするか．現場で調査に当たっている人は思い悩むにちがいない．しかし，回収率が50〜60%となってそれで我慢しなければならなくなれば，標本抽出理論はまさに空理空論になってしまったというほかはない．近代の統計学の文字通りの華であった「役に立つ厳密な標本抽出理論」の屋台骨が傾いてきたということになる．しかし，こうした理論は一般の調査を実施する人からみれば，絵空事の学者の理屈で，ユークリッド幾何学的教育的価値しかないということになるのではないか．

ある名簿から等間隔抽出によってある大きさ（たとえば500〜3000くらい）の標本を抽出し，最大の努力をこころみて調査を行う——これで調査不能の標本に対しては代替をとることも必要に応じ認める——というのは，母集団への推定という考え方を放棄して，「調査手順の標準化のための一つの手続きである」という考え方をとることになる，という立場さえも生まれてくる．いわば，疑似ランダム・サンプルの方法となる．これは絶対的に正確というものではない．ただ，ちがった場所や時点のデータの比較の基盤と考えるわけである．厳密な調査方法にもとづくの

が標準化の一番望ましいものであるが，これができないから，「一定の方法」をこのように決めるのだ，という立場になる．

こうなると，ユニバース ⟶ 母集団 ⟶ 標本の図式の考え方の崩壊である．こうした方法で得たデータは，定点観測としての意味，つまり相対的比較（時間的，空間的）のみがデータの解釈の土台となることを理解し，他の過去の情報とどんな関係にあるかというデータ分析の積み重ねによって，情報遺産を受けついで行くことが要求される．標本の取り方はこう崩れていても，面接調査はしっかりやらねば，ここでいった使い方すらできなくなる．

クォータ法の見直し

ランダム・サンプルの調査が文字通りに行うのがむずかしく疑似ランダム・サンプルにまで落ちれば，昔にもどってクォータ法を考えざるを得なくなる．いい加減なクォータ法ではなく，優れたプロの調査員制度を持つねり上げられたクォータ法をいうのである．しかし，これは，理屈の上でランダム・サンプルの代用となるべきものではない．あくまでクォータ法という調査のジャンルなのである．

なるべく広範囲に有用な情報を提供できるクォータ法はいかなるものかは，プロの調査機関の遺産となるべきものである．つまり，経験に経験を重ねどのような方法による調査データが有効な情報となっていたかを過去のデータでたしかめて，信頼できるクォータ法を確立して行かなけれ

ばならない．これには年期が必要であるが，費用のかさむランダム・サンプルでなくてすむところはこれですませるということになるのではないかと思う．

これまで述べてきた電話調査や疑似ランダム・サンプル，クォータ法（すべてねりあげられたものであることは勿論である）は，公表を建前とし，他の方法で信憑性をたしかめようのない——調査法の科学性のみが信頼の保証になっている——世論調査のような純粋な意識調査で用いるべきではない．社内データや他の情報によってデータの性格やデータのある意味での信憑性が確認できるものに限り，1円当たりの情報効率を問題にする，つまりトータル・マーケティングの一環としての市場調査などで，考えてもよい問題となるのではあるまいか．

調査実施にからめて，意識調査の問題から話がそれたが，こうしたランダム・サンプルとはちがった方法は，その調査をどう用いるかの観点からまたあとでふれることになろう．厳格な意識調査の問題としては，当然これまで述べたランダム・サンプルと，これに対するすぐれた調査員による厳格な調査実施がその本すじであり，調査の科学の基本にすえたい．しかも，"現実"という情況下で，実際に役に立つ調査を標榜(ひょうぼう)する限り，調査実施上の困難に目をつぶらず，調査を何のために行うのか，という根本問題を踏まえて，多くの経験を体系化し，「調査の数学」ではなく，「調査の科学」の確立に立ち向わねばならない時にいたったのではないか，と考えている．

第5章　データ分析のロジック

データの持つ誤差のまとめ

これまで,データをどのようにとるかということを書いてきた.各段階で起こる誤差についてもふれてきた.標本抽出による誤差,これにもとづく推定精度はまったく数学的なことであるから問題は簡単で,95(99.7)％の信頼のもとで,プラス,マイナスいくつというように統計学の形式的な議論で片がつく.調査のための方法,たとえば質問法における誤差などは,何をどう誤差と名づけてよいかわからないものも多くある.だが,ここでも明らかに"測定法"として誤りがわかるようなものについては評価がつけられる.こうした次元の低い誤りは,注意すれば避けられるが,注意が足りないと誤差が起こってくる.調査の実施でもいろいろの誤差が出るが,努力を重ねればそれぞれの評価は可能であることを示してきた.ただ誤差のプラスマイナスの方向が相殺されるものか,あるいは加算されるものかは,一概に判断できないので,安全性を考えれば加算型をとることになる.

標本抽出による誤差を減らそうとして標本数を多くすれば,見かけのプラスマイナスの抽出誤差は減ってくるが,

それ以外の調査実施段階での誤差など，"非標本抽出誤差"といわれるものは一向に減らない．むしろ増加する可能性すらある．標本数が少ない時，標本抽出による誤差が大きく，非標本抽出誤差はかくされているものだが，抽出誤差が小さくなってくると，このほうが目についてくる．したがって調査は，標本数が多くなれば，実際的に精度が高いというものではない．

有意の差ということ——統計的検定論

調査の目的によって，得られた結果はさまざまに分析される．そのなかで2つの異なった集団を調査し，その間でちがいがあるかどうかを求める場合がよくある．たとえば北海道と九州でそれぞれ世帯集団を対象として，ルームクーラーなどの商品の保有率を調べ，地域による差があるかないかを知りたい，といった場合である．

仮に両地方で単純等確率で大きさ 1000 の標本世帯をとり調査したところ，北海道でルームクーラーの保有率が 40%，九州では 60% という数字であれば，両地域では保有率に差がある，と判断してもまず間違いないだろう．しかし，北海道で 40%，九州で 45%，とわずかしかちがわない時，この結果からすぐ両地域に差があるといえるだろうか．こうした場合，これらの数字の間に意味のある差——有意の差——があるかどうかをたしかめるのが，**統計的検定論**の考え方である．たとえば2つの母集団を考え，これから等確率で抽出された標本から標本平均（ある意見

への賛成比率でもよい）を計算する．これらの標本平均の差から母集団の平均（賛成比率）の間に差があるといえるか，というのに答えようとするわけである．

そこで，まず母集団の平均には差がない，つまり2つの母集団平均が数学的に等しいものであるという仮説をたてる．こうした場合，標本はランダムに抽出されるが，必ずしも得られた2つの標本平均は等しいと限らない．ある程度の差が出てくるのは避けられない．どの程度の差が出てくるかは，確率論の計算で勘定できる．つまり，2つの母集団平均がまったく等しくても，この程度の差はランダム・サンプルでは起こりうるということがわかるのである．したがって標本の平均が数値的に異なるからといって，ただちに母集団の平均値が異なると結論するのは正しくない．標本平均の差がある信頼度のもと（たとえば95％の信頼度がふつう考えられている）で，これくらいはバラツくと計算された範囲を越えているかどうかを調べる．越えていれば，確率論的に起こりにくいことが起こったので，「母集団平均が等しい」とした仮説を棄却するのが望ましいと考える．つまり，この場合標本に「有意の差」があるというのである．

検定の仕方にはいろいろくわしい議論が必要だし，もっと厳格ないい方をしなくてはならないが，基本的なところの考え方だけを書けば，このようになる．

分析のおとし穴

調査の分析で誤りに導くもっとも初歩的なものは、非標本誤差を無視して、統計的検定を行って有意の差があるという結論を出すことである。統計的検定論でいう「有意の差」は、実質的意味で差のあることではなく、数学的にたてた仮説が、標本抽出という観点からのみみて認められない、ということに過ぎない。「実質的に意味のある差」ということではない。「有意差」という名前のつけ方が誤解を導いているのである。有意差を出そうとすれば、標本数を多くとれば必ず出る。数学的にたてた仮説、たとえばA＝BつまりAとBがまったく等しいということは、実際の現実ではあり得ないからである。

ユークリッド幾何学でいう点、線、面の定義が現実に存在しないのとまったく同じである。現実ではAとBとがほぼ等しい（この"ほぼ"は事情によって異なるし、何の目的のための科学的調査かということで異なってくる）ことで十分なのだが、検定論は"数学的に等しい"ことを標本抽出という立場からのみ検討しているものである。さらにおとし穴があるのは、非標本誤差のことである。これがあるのにもかかわらず、これを無視して無反省に検定論を用いることは罪つくりな話である。前にも述べたように標本数が十分少ない時は、標本抽出誤差が十分大きく非標本誤差のほうが比較的に小さいとみなされるし、実質的に大きな差がないと有意とならないので役立つことが多い。しかし標本数が1万以上と大きくなると、標本抽出による

計算された分散は十分小さくなり，このくらいの差は実質的な差といえないという限界を下まわり，また大概のものは非標本誤差がずっと多くなるので，検定論の問題は枝葉末節——むしろ無意味というより非科学的——なことになるのである．非標本誤差の十分な評価を行い，これを踏まえて，分析していることが本当に意味のある差を越えているかどうかを考えることが重要である．少しこまかい点に入り過ぎたが，この方面の誤ったロジックが正々堂々とまかり通っているので，特に注意をさしはさんだわけである．

　意識調査においても，標本抽出誤差，非標本誤差のバランスを考えて，調査を企画し，分析し，データから情報を慎重にくみとるようにしなくてはならない．数量的に評価できるものは評価しておき，これを考慮に入れて必要ならば統計的検定をやるべきところはやるのがよい．しかしこれだけでは不十分で，質問法のところで述べたような底深いデータの性格——あえて誤差とはいわない，いえない性格のものである——を心にとめておき，現実の推移とデータをつき合わせ，データ分析による情報の性格をつかまえるようにすることが必要である．統計的検定論のみが万能なのではない．

　分析を行う時，考えるべきことのいくつかの観点をこれから示してみたい．

部分集団の意見の重要性

われわれは地図を使う時,目的によりいろいろ使い分ける.地球全体のなかの大陸にまたがる情報などを知るには地球儀を用いるし,関東地方などかなり広い地域を知るには20万分の1地図,山登りには5万分の1か2万5000分の1地図を使う.日本全国を対象としてものを考えるのに,5万分の1地図では地図の精度は高いが,枚数がぼう大になり余計な情報が入り過ぎて,見通しが悪い.これと同じように,調査を実施し得られたデータを分析し結果を出すには,やはり精度のバランスが要求される.ただ正確であればよいというだけでは,小さなことにかかわって大局を逸する恐れがある.目的に応じた規模と精度の調査を行い,そのデータ分析も目的に応じた精度で行わなければならない.

調査の目的の第1が,対象とした集団の全体の傾向を把握することはいうまでもない.第2章で述べた平均値,分散がその指標である.ところがデータの分析に当たっては,ある意見,考えを持つ人がある集団で何%いたというだけでは終わらない場合がある.

昭和53年の全国調査で,「あなたは何か信仰とか信心とかを持っていますか」という質問に対し,34%の人が「持っている」と答えた.また「人間が幸福になるためには,自然に①従わなければならない,②利用しなければならない,③征服してゆかなければならない」という設問に対し,「従わなければならない」とする人が32%で

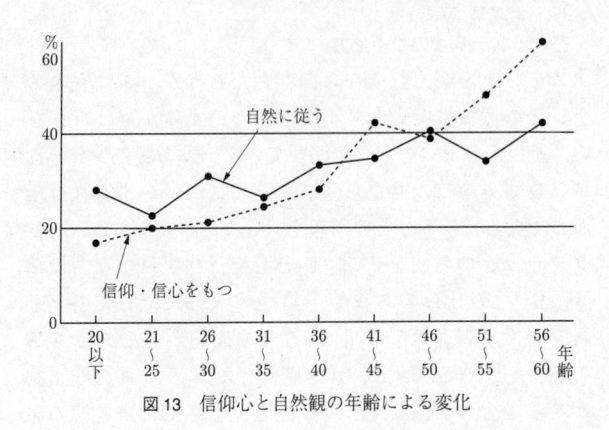

図13 信仰心と自然観の年齢による変化

あった．一見,「信仰を持つ」という人と「自然に従う」という人が，率からいっても対応するようにみえる．しかし，年齢別に集計してみると,「信仰を持つ」人が年齢とともに急激に上昇するのに対し,「自然に従う」人は，年齢による増加がそれほどでもない（図13）．つまりこの両者は性格が異なるのである．

このように，集団全体の傾向が何％といっても，その集団を構成している部分集団（年齢，性差，学歴など）の意見が何％かに注目しなければならない．いい換えれば，集団の平均値が同じであっても，その内部構造にちがいがあることを忘れてはならないわけである．このことがよりはっきり示された例として，ステレオの音の好みに関する調査結果がある．

売れるステレオのつくり方

ステレオを楽しむ人なら御存知だろうが、ふつうのステレオの器械には大なり小なり音のひずみが避けられない。避けられないのなら、聞いていて一番影響の少ない音域にひずみを持たせたら、ひずみに気がつかず売れ行きがよくなるだろう、という考えで行った調査がある。あるクラシックの名曲をサンプルとして、ひずみのない標準音（S）とひずみのある音（A）をつくる。そして各年齢層を含んだ調査対象集団に、Sをまず聴かせたあとA, Sの順に聴かせる場合と、Aを聴かせたあとS, Aの順に聴かせる場合の2通りで、AとSを比較させた。最初のAなりSで耳をならし、そのあとの2種類で比較するというやり方である。

その結果は、どの音域をひずませてもその音を好む率にはあまり変わりがなかった。これが本当に正しければ、ひずませる音域にまで神経を払わず、適当にひずみのあるステレオを売り出しておけばよい。ところが常識的にみてどうもおかしい。この集団の中には音に対してちがった好みを持つ人がいるのではないかと考え、回答をもとに集団内の人たちを分類してみた。そうすると、①低い音をカットしたひずみのある音を標準音より好むことがあるグループ、②高音をカットした音をより好むことがあるグループ、の2つのグループがあることがわかった。私自身、聴いてみると、低音をカットしたひずみのある音は歯切れがよく明快に聞こえる傾向があり、高音をカットしたひず

みを持つ音は柔らかいムード的な感じがする．

このことから，カットしてはいけない音域は100〜3000 Hzの実音領域で，カットするならばそれ以外のところをカットしたほうがよいことがわかる．しかも2つのグループがあることが明らかになったのだから，適当に音域をカットしたステレオをつくって売り出しても売れないことになる．

具体的には，低音をカットしたステレオと，高音をカットしたものの2種類をつくらなければ，ユーザーの好みに応えられないことになる．低音をカットしたステレオには「音が明快でクリアな感触を好きな人へ」というキャッチフレーズで売り出し，高音カットの製品は「ムードあふるる柔らかい音……」と宣伝することになる．このような部分集団の分析は，趣味・嗜好など人間の感性に関する場合，特に意味を持つ．

集団の意見は，集団内でまんべんなく普遍的なものと，部分集団によって意見が異なるのに，全体としては平均化されてしまうものがある．部分集団により意見・好みに差がある場合は，調査の目的に応じて意識的に掘りおこしてやらなければならない．全体の平均値を得ただけで満足せず，回答の中から部分集団をつくって，個々の傾向の差の意味をさぐる必要があるわけである．商品販売のためのマーケット・リサーチ，新商品開発のためのユーザーの嗜好調査などでは，特にこの視点が要求される．

この"集団分析の重要性"から，現在，ほとんどの社会

調査では，性・年齢・学歴などの部分集団別の分析を行っている．しかしステレオの音の好みのように，すでに標準化している部分集団以外の新しい部分集団をみつけ出すことが，これからの調査では大切である．何をきっかけにそれを発見できるか．それはやはり手をこまねいて出るものではなく，それにふさわしい科学に根ざしているものである．調査データを通しての仮説の発見，それに気がつくひらめきと修練といったらよいであろう．

典型的な日本人の意味

調査の目的の一つが，調査対象集団の多数を占める意見，傾向を知るということであれば，それはその集団の典型的な考え方をとらえるということである．では何をもって"典型的意見"といってよいだろうか？　常識的にいって全体の3分の2から支持される意見を典型的な意見と受けとってもよいだろう．この場合，"全体で"というのは単に調査標本全体の3分の2という意味ではなく，男女の差，年齢差，学歴のちがい，にもかかわらず3分の2，つまり部分集団のちがいなく均一的に多く支持されている，という意味である．

集団として日本人を考え，いわゆる日本人の典型的な考え方を調べた調査がある．統計数理研究所の国民性調査委員会が，昭和28年以来，5年おきに行っているもので，全国から無作為抽出した20歳以上の男女2000〜4000人が調査標本（地点数200〜250）となっている．この調査

でこの20年間にわたって，いつも高い支持を受ける意見が4つある．

①あなたが会社で使われるとしたらどちらのタイプの課長に使われるほうがよいと思いますか（Ⓐ 規則を曲げてまで無理な仕事をさせることはないが，仕事以外では面倒をみない，Ⓑ 時に規則を曲げて無理な仕事をさせるが，仕事以外でも面倒をよくみる）．

②あなたが会社の社長だとして，社員1人をとる採用試験にあたった課長が「社長の親戚の方は2番だったが，私としては1番の人でもどちらでもよいと思いますが……」と報告してきた時，どちらを採用するか（Ⓐ 1番の人を採用する，Ⓑ 親戚の人を採用する）．

③あなたは何か信仰とか信心を持っていますか（Ⓐ 持っている，Ⓑ 持っていない）．またいま持っていなくても「宗教的な心」が大切と思いますか（Ⓐ 大切と思う，Ⓑ それほど大切とは思わない）．

④日本の庭（桂離宮）と西洋の庭（ベルサイユ宮）のどちらが好きですか（Ⓐ 日本の庭が好き，Ⓑ 西洋の庭が好き）．

昭和53年の調査において，①に対しては，面倒見のよい人情課長を好むが87％，②では1番を採用が72％，③では信心を持っているか，あるいは宗教的心を大切とするが83％と，3分の2を上まわり，しかも15〜20年間その支持率は変わっていない．また④は48年までの調査であるが，やはり日本の庭が好きが90％をつづけ，

いずれも日本人の典型的な意見といえる．

以上のことから，「人情課長好みでありながらけじめをつけ，宗教的な心を大切にして，日本の庭園を好む」という人間像が，日本人の典型として浮かびあがる．しかしこれはあくまで集団としての日本人像であって，日本人の大多数がこのような典型的考え方を持っているわけではない．少し古いが昭和 48 年の調査では，これら 4 つの典型的意見のみをあわせ持つ "典型的日本人" は 44% で半数以下であった．

遠くから森をみると，「その森は全体にこんもりしている」「こちらの森は貧弱だ」という区別がつく．しかし，森の中に入って 1 本 1 本の木を見てみると，その木が属する森の典型的な性質をすべて持っていることは少ない．調査で表われた典型的人間像もこれと同じなのである．

海外旅行記などによく次のような文章がみられる．「出発前，案内書を読むと典型的アメリカ人像が書かれているが，実際に行ってみると絵に描いたような典型的アメリカ人には滅多にお目にかかれなかった．案内書は一面しかみていない……」．これはいないのが当たり前であって，筆者は集団と個人とを取りちがえているのである．逆に外国人が『菊と刀』や『甘えの構造』など，書物で得た典型的日本人像を頭に日本にやってきたら，やはり「典型的な日本人なんていないじゃないか」というにちがいない．

個人の意見の構造と，それを集めた集団の傾向とは別問題であるから，全体の傾向から還元して個人の性格を類

推するのは，非常に危険である．ここに統計調査のおとし穴の一つがあるわけであるが，統計学ではこれを「**集団表章と個人表章はちがう**」，という．つまり標識のつけ方が，全体と個人ではちがう，ということである．

推論のおとし穴

次のような例にも注意しなければならない．それぞれ900人から成る2つの集団，甲，乙があり，第1問と第2問で賛否（+と-で表わす）をたずねたとしよう．その結果は表12だった．

甲集団は第1問で3分の2が+，3分の1が-である．第2問では+が3分の2，-が3分の1である．乙集団では第1問で3分の1が+，3分の2が-，第2問では+が3分の1，-が3分の2である．これを+について表にまとめると，表13のようになる．この集団比較では，第1問で+が多いと第2問でも+が多く，第1問で+が少ないと第2問でも+が少ない，といえる．つまり，集団表章からみて第1問の+，-の多寡と第2問の+，-の多寡が対応している．しかし，このことを個人単位に拡大して考えるのは誤りである．つまり第1問で+（あるいは-）と答えた人が，第2問でも+（あるいは-）と答える傾向が多いと考えてはいけない．

今，表12で個人を単位に分析してみると，甲，乙両集団とも第1問と第2問とはまったく無関係である．第1問の+，-の多寡と第2問の+，-の多寡とは関係がない

甲集団

第1問＼第2問	＋	－	第1問の計
＋	400	200	600
－	200	100	300
第2問の計	600	300	900

乙集団

第1問＼第2問	＋	－	第1問の計
＋	100	200	300
－	200	400	600
第2問の計	300	600	900

表12 甲乙両集団の賛否

	第1問 ＋	第2問 ＋
甲	$\frac{2}{3}$	$\frac{2}{3}$
乙	$\frac{1}{3}$	$\frac{1}{3}$

表13 賛成のまとめ

のである。つまり第1問で+, - いずれにしても, 甲集団では第2問での+, - はそれぞれ3分の2と3分の1, 乙集団ではそれぞれ3分の1, 3分の2となって第1問の結果とは関係ない。つまり第1問の第2問に対する予測力はゼロである。このように集団を通しての予想は，集団内の個人の単位にしてみると当てはまらない。これはなかなか深刻な問題である。集団単位の情報は必ずしも個人単位の情報を物語っているものではないのである（この例と異なって両者が対応する場合も勿論ある）。

実際のデータでこれに似た現象として，筑波大学社会医学系の小町喜男教授の秋田における疫学調査がある。これを簡略化して述べてみよう。第1問は塩を多くとるかとらぬか（+, -），第2問は高血圧か否か（+, -）である。A, B 2つの地域の調査で，A地域は塩をとるものが多く高血圧は多い。B地域では塩を多くとるものが少なく，高血圧が少ない。地域単位でみると，塩分摂取の多寡と高血圧の多寡がたしかに対応しているが，AB地域内では個人単位でみると，塩分摂取と高血圧とは無関係となっている，と報告されている。これは先の甲，乙集団での数値の例とよく似ている。こうしたデータからはただちに食塩を減らすと血圧が下がるという説明は成り立たない。こうしたデータから因果関係を結論しようとすることに，問題があるわけである。それをいうには，個人を単位にして別の実験を試みる必要があるわけである。

実際の診断の場において，高血圧患者に減塩を行うと血

圧が下がることはよく知られている．それなのになぜ一般調査でその関係が出てこないのか．これにはいろいろの要因があり，体質，個人差，高血圧の型（質）など多くの他の要因がからみあうことである．また，治療中で生活条件の規制を受けたり，ある種の一定の体質を持つ患者と異なり，一般の人々では条件はそう単純ではないことも考えられるが，一応ここではその点は考えないことにする．

仮に診療の場のことが，実際のフィールドでもそっくりそのまま成り立つとしておこう．こんなことはまずあり得ないことは承知しているが，データの構造を説明するため，こうした医学の言葉を使って説明してみよう．表12の甲集団で第1問は塩分の摂取が多い（＋）か少ない（－）か，第2問は高血圧（＋）か否（－）かであると読みかえてみよう．そうするとおもしろいことが起こる．今，甲集団の高血圧患者600人に減塩を指導したとする．塩＋，高血圧＋の400人が臨床治療での経験のように4/5の人つまり320人は血圧が下がり，1/5の80人はまだこれだけでは血圧が下がらないとしておこう．塩が－で高血圧の人は，もともと塩を少ししかとっていないので，減塩しても血圧は下がらなかった，と考えることにする．さて，塩の摂取の多い200人中，時がたつとその2/5の80人が高血圧になったとする．つまり図14のように移り変わる．高血圧でなくて食塩摂取の少ない人（－，－）100人はそのままだから，こうして高血圧患者に減塩指導を行った時点で甲地域で調査をすれば，表14の

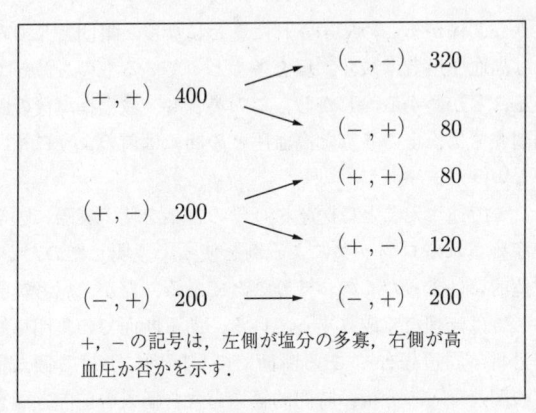

```
            ┌─→ (−, −)  320
(+, +) 400 ─┤
            └─→ (−, +)   80

            ┌─→ (+, +)   80
(+, −) 200 ─┤
            └─→ (+, −)  120

(−, +) 200 ───→ (−, +)  200
```

+, − の記号は，左側が塩分の多寡，右側が高血圧か否かを示す．

図 14　減塩療法と高血圧の推移

塩分＼高血圧	＋	−	塩分の計
＋	80	120	200
−	280	420	700
高血圧の計	360	540	900

表 14　塩分と血圧の関係のまとめ

(注) 高血圧の計 (+360, −540) および塩分の計 (+200, −700) を，集団の関係を示す**周辺分布**，塩分と高血圧の個々の関係 (++80, +−120, −+280, −−420) を**関連分布**という．表 14 のような表を**相関表**と呼ぶ．

ような関係がまとめて示されたことになる．集団としてみれば高血圧患者は減り，塩を多くとっているものも減っていることがわかる．しかし，この場合も，減塩指導後の断面調査では，塩の多寡と高血圧との間には前のように相関がない．

ここで述べたことは医学・疫学の言葉を使い実際に医学で認められるロジックによる例を使って説明したのだが，数値的にはまったくのつくりごとである．だが，思考実験としては無理なく成り立っている．ある断面での集団単位の分析（周辺分布），ある断面での集団内における個人単位の関連分布の分析，時間的経過を含む個人の前向き調査の結果，それらはそれぞれ異なったことを物語っているのであり，得られたデータの範囲内でそのまま単純に関係づけて考えることは誤りであることに注意してほしい．

今までは，集団単位の周辺分布のほうにむしろ情報があった場合であるが，逆に周辺分布にあらわれることなく，個人単位の関連分布にある関係が表われることもある（表15）．この場合は，甲乙両集団とも周辺分布は等しくて差はなく，個人の関連分布では $(+,+)$ —— $(-,-)$ の関係が強く表われている．これらの諸関係を考えデータの構造を通して現象を探索することは，そこから得られる情報が豊かで，非常に大事である．現象解析における複眼的多元的思考の重要さである．

甲集団

	＋	－	
＋	350	100	450
－	100	350	450
	450	450	

乙集団

	＋	－	
＋	300	150	450
－	150	300	450
	450	450	

表15 周辺分布が等しく関連分布に関係が
あらわれる場合

多次元的分析を！

ある意見に対する賛否を1万人に対して質問したとしよう．その結果が表16のAのように，男の賛成が5000人中3000人，若年層（35歳未満）5500人のうち賛成が3000人の場合，男に賛成が多く，また若いほうに賛成が多いことはすぐわかる．しかし，この結果だけから「若い男には賛成が多い」と推論する人がいるが，これは明らかな間違いである．同じ回答をこんどは男女の性別で若年層と老年層に分けて賛否を教えてみると，表16のBのよう

A

	賛成	反対	合計
男	3000	2000	5000
女	2500	2500	5000
計	5500	4500	10000
若	3000	2500	5500
老	2500	2000	4500
計	5500	4500	10000

B

男 { 若	1250	1750	3000
老	1750	250	2000
女 { 若	1750	750	2500
老	750	1750	2500
計	5500	4500	10000

C

男 { 若	2200	800	3000
老	800	1200	2000
女 { 若	800	1700	2500
老	1700	800	2500
計	5500	4500	10000

表16 属性別分析の表

になったとしよう．表Bと表Aとは矛盾していない．表Bから表Aは出てくる．すると先ほどの推論とは逆に，「若い男は反対が多い」ことがわかる．

なぜ，はじめの類推のような間違いが生じたのか？　それは性質の異なる2つのロジックを単純に足してしまったからである．表Aを分析してできた表Bがいつも同じ結果とは限らない．別の数字になって，「若い男に賛成が多い」結果になることもあるかもしれない（表16のC）．いずれにしても，表Aだけからは，「男には賛成が多い」「若い人に賛成が多い」ということができても，「若い男についてはわからない」としかいえないのである．

このような誤った類推は，現実にかなり多く行われているようである．そのため「これこそ統計のウソ」とよくいわれるが，ウソではなくこれが統計の真の姿である．そのような統計の実体をよく理解せず，十分な分析を行わないでいい加減な解釈をしたところに誤りの原因があるのである．この例と，先の"典型的な人間像"の問題とを考え合わせると，調査の結果から導き出す結論は，単純な分析だけでは不十分で，多くの次元のものを組み合わせたものを考えなければならない．つまり多次元的分析が必要ということになる．

考えのすじ道を追う

多次元的分析の必要性を示す例をもう一つ示そう．甲乙2つの集団に2つの質問をしたとする．質問は仮に第1問

は「会社でレクレーションや運動会をやり家族的雰囲気をつくることに賛成か反対か」，第2問は「労使協調に賛成か反対か」としよう．表17のように，甲乙2グループとも，第1問，第2問の両方に賛否半々，つまり意見分布はまったく同じであった．このことから甲乙2つの集団は同じ性質を持った集団と考えてしまいやすい．ところがもう一歩突っ込んで，第1問に賛成（あるいは反対）した人が第2回にはどう回答したかを調べてみた．甲乙という集団のなかから，さらに第1問に賛成した集団と反対した集団という部分集団を取り出したわけである．

その結果が表18のようになったとする．甲集団では第1問と第2問の関係が，賛成→賛成，反対→反対，となっているのに対し，乙集団では賛成→反対，反対→賛成とまったく逆になっている．甲では，「家族的雰囲気に賛成だった人は労使協調に賛成で，家族的雰囲気に反対だった人は労使協調に反対」であり，ごく常識的な考えのすじ道といってよい．これに対し乙集団は「家族的雰囲気に賛成しながら労使協調反対，あるいは家族的雰囲気はいやだが，労使協調はOK」と，一般の常識とは異なる考え方を持つ．表面的な意見分布が同じでも，これだけ「考えのすじ道」がちがえば，甲集団と乙集団はまったく異質の集団で，お互いに理解できないかもしれない．

測定のための標識と分析のための標識

当初，同じように見えた結果を，ここまで追求してくる

	第1問		第2問		計
	賛成	反対	賛成	反対	
甲	500	500	500	500	1000
乙	500	500	500	500	1000

表17 意見分布の比較

甲集団

第1問＼第2問	賛成	反対	第1問の計
賛成	500	0	500
反対	0	500	500
第2問の計	500	500	1000

乙集団

第1問＼第2問	賛成	反対	第1問の計
賛成	0	500	500
反対	500	0	500
第2問の計	500	500	1000

表18 意見構造の比較

のが，調査結果を分析するロジックであるが，今の例のように質問が2つではなく，たくさんの質問から分析を進めるにはどうしたらよいだろうか．

表19のAは質問がA, B, C, Dの4問，答える人つまり標本が20人の場合の例である．(A_1, A_2) (B_1, B_2) (C_1, C_2) (D_1, D_2) はそれぞれの質問での回答肢を表わす．1の添字が賛成，2の添字が反対，つまり A_1 はA問での賛成，A_2 はA問での反対，B_1 はB問での賛成，B_2 はB問での反対，など……と考えれば，前に書いた2問の場合と対応がつく．これをまとめあげるわけだが，前の場合のようにそれぞれ2問ずつの相関をとったのが相関表（表19のB）に示してある．2つの質問だと1つの相関表でおしまいであるが，質問が4問あるので異なる質問間の相関表は6個出てくる．この6個の相関表を通して情報をつかみ出す必要が起こってくる．

そこで $A_1, A_2, B_1, B_2, C_1, C_2, D_1, D_2$ という8個の回答肢を空間，この場合，平面に並べて回答肢の関連性を理解しようと考えることにしよう．同時に多く反応（回答）している肢は近く，同時に少なく反応（回答）している回答肢は遠くに位置するようにしてみよう．同時に回答するとは，その2つの回答肢が近い性格を持つと考えられるからである．

A_1 と A_2，B_1 と B_2，C_1 と C_2，D_1 と D_2 は同時に回答するものはゼロだから両極にあるように並べるのがよい．A_1 と B_1 とには10人のうち8人同時に回答してい

A. 個人の回答パターン

回答表 \ 項目・カテゴリー	A₁	A₂	B₁	B₂	C₁	C₂	D₁	D₂
1	○		○		○		○	
2	○		○		○		○	
3	○		○		○			○
4	○		○		○			○
5	○		○		○			○
6	○		○			○		○
7	○		○			○		○
8	○		○			○		○
9	○			○		○		○
10	○			○		○		○
11		○	○		○		○	
12		○	○		○		○	
13		○		○	○		○	
14		○		○	○		○	
15		○		○	○		○	
16		○		○		○	○	
17		○		○		○	○	
18		○		○		○	○	
19		○		○		○		○
20		○		○		○		○

B. 相関表

項目	カテゴリー	A₁	A₂	B₁	B₂	C₁	C₂	D₁	D₂
A	A₁	10		8	2	5	5	2	8
	A₂		10	2	8	5	5	8	2
B	B₁			10		7	3	4	6
	B₂				10	3	7	6	4
C	C₁					10		7	3
	C₂						10	3	7
D	D₁							10	
	D₂								10

表19 質問が4問, 答える人が20人の場合

るから近くに位置づける．A_1 と B_2 とに同時に回答しているものは2人しかないので遠くに位置づける．A_1 と C_1 と C_2 とはともに5人ずつ回答しているので，AとCとは関連性がなく，A_1（A_2）は C_1 と C_2 とは等距離に位置づけるのがよい．A_1 と D_1 とに回答するものは2人だから遠くに，A_1 と D_2 とに回答するものは8人だから近くに位置づける．A_1 に近い B_1 と D_2 とをどう位置づけるか．B_1 と D_2 とに同時に回答するものは表からみると6人だから近いにはちがいないが，2つは A_1 よりは遠くに位置づける必要がある（A_1 と B_1, A_1 と D_2 とに同時に回答するものはともに8人いるから）．B_1 と C_1, C_2 の関係とみると，B_1 と C_1 は同時回答が7人だからより近く，B_1, C_2 の同時回答は3人だからより遠くに位置づけるのがよい．このように考えて8つの回答肢の布置を書いてみたのが予想図（図15）である．

この図と相関表を見比べてみていただければ，近くに位置するものは同時に回答する人がより多く，遠くに位置するものは同時に回答する人がより少なくなっていることがわかる．予想図はこの意味で相関表の総括になっている．このように目の子算でやっているのでは，複雑なものを取り扱えない．ここで説明したアイディアを統計数理的に実現する方法がある．**パターン分類の数量化**（質的データの数量化）——数量化分類ともいう——という方法である．この方法の細目はここでは述べないが，前記の相関表をこの方法にかけて計算した結果だけを示しておこう．

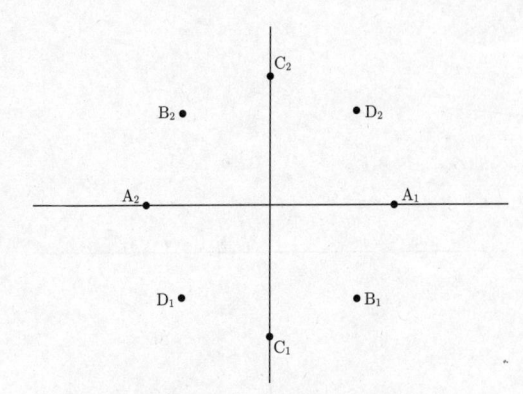

図15 8つの回答肢の予想布置図

これが回答肢の布置図（図16）であって，これが前の予想図と比べてみれば，まったく同じであることがわかる．こういうパターン分類の数量化という方法を用いると複雑なものでもねらいとするところが達せられることが理解できたことと思う．なお，この方法を用いると20人のサンプルの位置も計算できる．これはサンプルの布置という図である（図17）．この読み方も前と同じで，近いところが似た回答パターン（4問への回答の仕方のことを表わすのにこういう表現を使う）を示し，遠いものが異なった回答パターンをしていることを示す．

一つの例をあげてみると，1,2というサンプルと3,4,5というサンプルは，A,B,C問でともに同じ回答をし，D問だけ回答が異なっているので，かなり似ているから近く

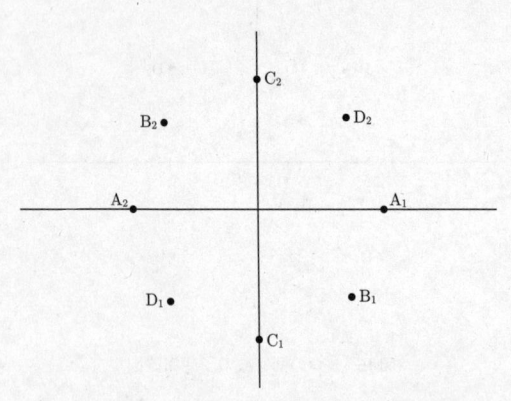

図16 数理的に求めた回答肢の布置

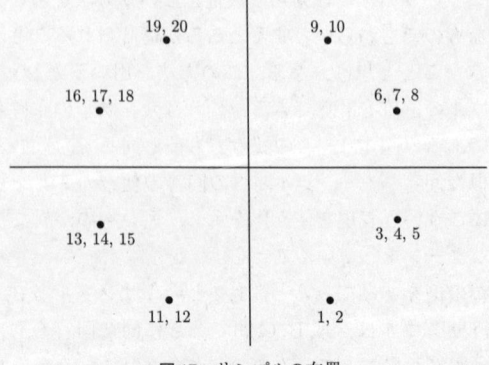

図17 サンプルの布置

		第1問 賛成　反対	第2問 賛成　反対
甲	500人 500人	○ 　　　○	○ 　　　○
乙	500人 500人	○ 　　　○	○ ○

```
                    甲集団
第1問        賛成 ●         ● 反対
第2問        賛成 ●         ● 反対

                    乙集団
第1問        賛成 ●         ● 反対
第2問        反対 ●         ● 賛成
```

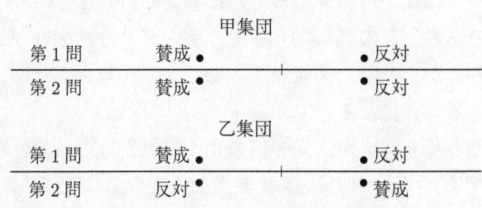

図18　表17の甲乙2つの集団の布置図

に位置する．1,2 と 19,20 とは，回答が全部異なっているので対極に位置するということになっている．このように図を読めば直観的表現として申し分がないことになる．

少しこまかく説明してきたが，こうした方法を用いると同時にそう答えること（内容の関連性が強いこと，それらの回答を結びつける思想・考えのすじ道のあることを意味している）を図上に表現でき，思想・考えのすじ道を見通すのにはなはだ便利になる．先の2つの質問，甲乙2集団についても同じように図示できる（図18）．

この作業は，測定された標識（賛成か反対か）に，情報抽出のために必要な標識（座標のなかの位置）を与えるこ

とで，これを数量化の考え方という．質問に対する回答の賛成，反対という表現は質的なもので数量を持っていない．これらの諸回答の関連性をみるために，パターン分類の数量化を用いて回答肢に数量を与えて平面に位置づけたわけで，前にも述べたように，この数字は質問や回答に内在するものではなく，われわれの関連性理解という立場から，われわれが情報を得るために与えた道具ともいうべきものである．この立場に立って，データの分析を行うことにより，かくされた情報を浮きださせて現象をより深く理解できるようになるのである．

何度もくり返すが，先の例のように見かけの意見分布が同じでも，考えのすじ道がまったく異なることを知るには，意見の構造を知らなければならない．データを的確に読むにはまず質問の回答肢の間に見い出される位置関係を頭においたうえで，何％という数値を見る姿勢と訓練とが必要なのである．

大切な継続調査

会社などで部長が代わったら仕事のやり方を今までとすっかり変える，という例が多い．マンネリを打破し，会社の組織を時代にあわせて活性化してゆくうえでは望ましいことだが，調査においてはこのやり方は好ましくない．調査を行う人でも，前からのやり方をそのままつづけるのは進歩がないし，くだらないと思うのは当然である．しかし，調査では以前の人がやってきたことを変えない勇気が

〔質問〕自然と人間との関係について，つぎのような意見があります．あなたがこのうち真実に近い（ほんとうのことに近い）と思うものを，1つだけえらんで下さい．
〔回答肢〕
1. 人間が幸福になるためには，自然に従わなければならない．
2. 人間が幸福になるためには，自然を利用しなければならない．
3. 人間が幸福になるためには，自然を征服してゆかなければならない．

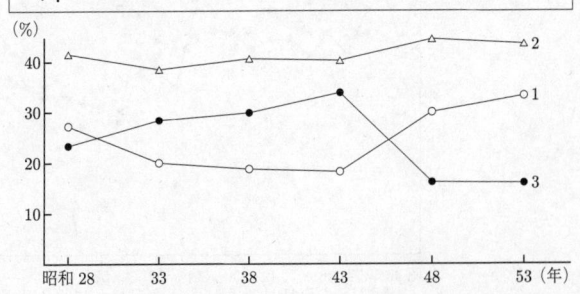

図19 日本人の伝統回帰を示す例．"自然を征服する"という考えが48年以降低くなっている

必要で，同じ質問を同じ方法でつづけてゆくことに大きな意味がある．それは，この地味で一見，進歩のないように見える継続調査ほど，世の中の動きを明確に示すものはないからである．それだけではなく，世の中の変化の兆候を何よりも早くキャッチして示してくれるのである．

私たち統計数理研究所では前に書いたように，昭和28年以来，5年間隔で「日本人の国民性」についての調査をつづけているが，そこから世の中の変化の兆候がいくつか

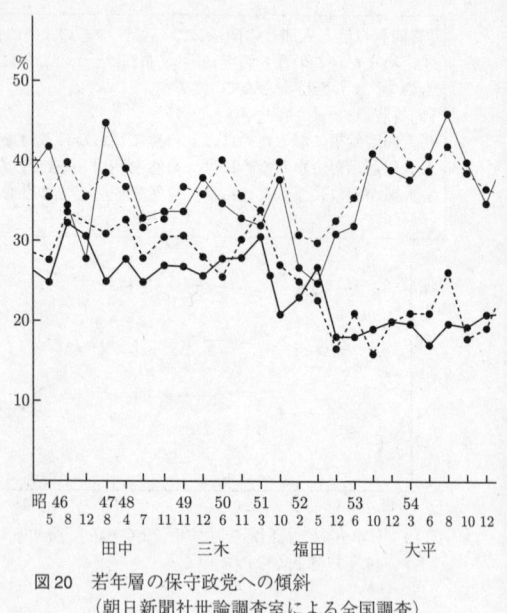

図20 若年層の保守政党への傾斜
（朝日新聞社世論調査室による全国調査）

とらえられている．日本人の伝統回帰と通常いわれているが，この兆候はまだ誰も気がつかぬ昭和48年頃にすでに表われはじめている（図19）．若者の保守回帰については，朝日新聞社世論調査室のデータをみると，それは政党支持率の上に徐々に表われ，52年の終わり頃からはっきりしてくることが，わかっているのである（図20）．

また，日本人は伝統的（保守的）意見と近代的（革新

20〜24

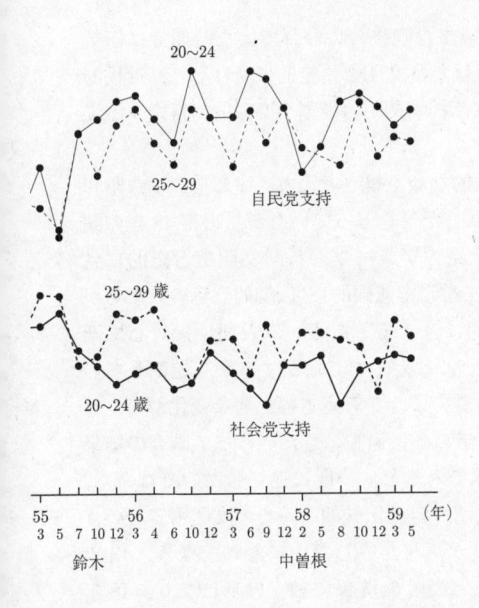

25〜29 自民党支持

25〜29 歳

20〜24 歳 社会党支持

```
55        56        57      58        59 (年)
3 5 7 10 12 3 4  6 10 12 3 6 9 12 2 5  8 10 12 3 5
鈴木                 中曽根
```

的）意見について，きわめてはっきりしたわく組を持っていることがわかっている．つまり伝統的な意見を持つグループは，異なる分野のいずれについても大体伝統的な意見をもつ傾向があり，近代的な意見のグループは，どんな問題についても新しい意見を持つ傾向が強い．どう答えるにしてもこうした軸の上で意見を述べているのである．これと科学文明との関係についてみると，面白いことがわか

る．昭和28年，いまだ戦後といわれていた時期では伝統的な意見の人たちは科学文明を否定的に受けとり，近代的意見のグループは，科学文明の役割を楽観的に肯定する姿勢を持っていた．

このいわば常識的なわく組（考え方，すじ道）は，昭和28年にははっきりした形をとっていたが，昭和48年の調査では，近代的意見のグループが科学文明を否定的に見（あるいは人間性に対して悲観的），伝統的意見の人たちが科学文明を肯定的に考える（あるいは人間性に対して楽観的），というように考えのすじ道がすっかり逆転してしまった．いったいこのような考え方の大きな変化がいつ起こったのか？ 5年ごとに過去にさかのぼって調査の結果をあらためて調べてみると，一度に逆転したのではなく，近代的——科学文明肯定，伝統的——科学文明否定という考え方のつながりが，しだいしだいに離れてゆき，43年には，お互いがまったく無関係に独立の形になり，48年にいたって近代的——科学文明否定，伝統的——科学文明肯定，と逆転してしまったことがわかった．

53年の調査ではまたもとへ少しゆりもどす形が表われている．これらの変化の理由ははっきりせず，いろいろ理屈づけられようが，今となっては想像の域を出ない．いずれにしても思想についてみれば，世の中は突然，変化するものではなく，じわじわ変わってゆく．そして変化の方向はいったん変わりだすと容易に止められないことが，継続調査によってはじめてとらえられたのである．

なお，誤解のないようにことわっておくが，保守回帰，伝統回帰といわれる現象が若者に表われてきたといったが，それは昔にもどって行ったことを意味しない．近代 - 伝統というわく組がはっきりした上で，保守・伝統回帰の意見がふえたのではなく，若者の意識にこうしたわく組が崩壊しかけていることを見のがしてはいけない．パターン分類による考えのすじ道のデータ分析をしてみると，この姿がはっきり出ているのである．日本ではじめて起こった現象なのである．

つまり，わく組をはっきりさせた上でそう答えているのではなく，わく組なしに身構えなしに「よいものはよい」「いやなものはいや」という形で回答している姿なのだといいたい．つまり新しい考え方の出現というべきで，近代 - 伝統のわく組を脱していない大人からみると，保守・伝統といえる回答がふえていると読めるに過ぎないのである．しかし，人々は何かおかしいと感じているのである．ここでも考えのすじ道を知ることの重要性がおわかりいただけたと思う．

継続調査についてのもう一つの疑問に答えておこう．"質問は変えてはいけない"というが，それでは"悪い質問"も変えてはいけないのか．それに対しては「イエス」といいたい．悪くてもその悪い性格を知りぬいて用いることが大事なのである．漫然と用いるのでなく，質問の性格をつかんでおいて，欠点を知っておいて，その道具を用いて意識をさぐることが重要なのである．道具が悪くても性

質を知って使う使いようがあるのである．この質問の性格を知るために種々の吟味を重ねる努力を怠ってはいけない．時に，新しい質問に変えることを考えてよいが，その時は古い質問と新しい質問とを同時に何回か行い，それぞれの関係，新しい質問の性格を明らかにしてから変えるというのがとるべき道である．

ある世代の考え方——コーホート

今述べた同じ調査を，また別の角度から分析することもできる．ある世代の人たちのグループの年月による考え方の変化を追うのもその一つである．昭和48年に50歳台の人たちは，当然のことながら昭和28年には30歳台であった．そこで先ほどと同じ調査結果を各年齢層に分けてみると，昭和28年には各年齢層のすべてが，近代的-科学文明肯定，伝統的-科学文明否定であった．ところが48年の各年齢層をみてみると，50歳以上は28年とまったく同じなのに対し，より若年層において考え方の逆転が起こっている．つまり20年前の30歳以上のグループは，その後20年間で考え方が変わっていないことになる．一方，20歳台の人々は思想を変えたのである．このことから，人間の意見形成は30歳になるとかたまるのではないか，という仮説を考えることも可能かもしれない．

ここまでくると，継続調査は単に時代による変化をとらえるだけでなく，今まで予想もしなかったことを浮かびあがらせることになる．今の例のように，同一年齢層の集団

（コーホート＝世代集団）という見方で調査結果をみると，その世代がどのようにして時代の影響を受け，年齢を加えることによって意見を変えるか，あるいは変えないかがわかってくる．ここで注意すべき点は，この調査が世代集団別に分けたとしても，あくまで母集団から選択し抽出した標本を調べ，それから母集団全体の意見を推定した，いわゆる標本抽出調査であることを忘れないことである．

　現在30歳の調査対象が，10年前の20歳の調査対象と同じ人であるとすることは現実的に不可能に近い．しかし，10年前の調査は標本調査による20歳という年齢層の母集団への推定であり，現在の30歳世代の調査も，やはり標本からの母集団への推定である．したがってこの2つの世代の推定結果を比較すれば，必ずしも同じ人を調べなくても同じ集団の時代・加齢による変化を調べることができるわけである（勿論，この間に死亡したり，いなくなった人は除外されているが，これはごく少数である）．これが全数調査であったとすれば，それは前の調査の影響が残り本当の意味の比較は不可能にちがいない．ここにも標本調査の大きな強みがあるのである．

　こうしてみてくると，人間集団の考え方の変化には，マクロ的にみると，① 世代，② 加齢，③ 時代，の3つの要素が大事なものであることがわかる．これがまじり合ってくるとなかなかとらえにくいが，日本人についてみると，国民性の継続調査により，次のようにいくつかのものが明らかになっている．

（1）3つの要素を越えて日本人に変化のないもの：人情課長（82ページ）への共感．

（2）加齢によってのみ変化：宗教を信じること．60歳以上になると60％が何らかの宗教心を持つようになる．

（3）時代によってのみ変化：日本人は世界の中ですぐれていると思うという自信と誇り．近年になるに従って上昇している．

（4）世代のみによる変化：趣味に合った生活をしたい，という質問に対して，明治の人，大正・昭和1けたの人，昭和2けた以降のグループとで，はっきりちがっている．

以上は単一の要素による意見のちがいであるが，この3つの要素がまざり合った効果となると簡単には分析できない．数学的分析法（コーホート分析）で，はじめてどの要素がどれくらい意見の変化に影響しているかを知ることができる．分離できないものを数理的な仮説をたてて分離するので，現実に合わない仮説をたてて計算すると，妙な結果が出ることにもなる．いろいろ経験を重ねてモデルの妥当性を蓄積しなくてはならない．基本的にはコーホートごとに時代・加齢の影響がどうなるかをグラフ化し，どんなモデルが適切かをキメこまかく考えることから始めるのがよかろう．

国際比較調査は意識調査の宝庫

これまで，日本人のなかのいろいろの集団，経時的変化

を調べることを素材として，意識調査で考えるべき大事な点を示してきた．

ここで次元を1つあげ，意識調査による国際比較を考えたらどうなるか．つまり国と国の比較，民族と民族の考え方の比較などである．これを漫然と調査していたのではとんでもない誤解をふりまくことになる．つまり，比較調査の標準化されたものがないからである．こうした比較調査を緻密に考えてくると，意識調査方法の問題点がぞくぞくとあらわれてくる．こういう意味で国際比較は意識調査研究を進めるための宝庫といえる．

前に，重要な方法であるといってきた"考えのすじ道"をさぐる重要性も，国際比較データ分析における疑問の苦しみのうちに生まれたものである．日本人に固有の伝統‐近代の考えのわく組の強いこともわかってきた．このわく組でものを考えることの根強さをいろいろ知ることもできるようになった．

日本人が比較調査をするとき，日本的なことを聞いている限りそれなりに問題はないが，一般的なこと（万国共通と見えること）を質問しているつもりでいながら，日本的発想に立っているということはきわめて危険なのである．あるいは，自分は普遍的立場もしくは西欧流の考え方に立っていると思いながら，実は日本的発想に立っているということは，誤解のもとになっている．こうしたことを比較調査で知ることができた．当たり前のことであるが，コロンブスの卵のような感じであった．

こうなってみると，同じことが日本の国内の調査でも問題になりうる．若者の心を知ろうとして調査するとき，大人の考えのわく組を捨て切れないこと，捨て切っていると思いながらそれを根強く持っていて気がついていないという態度，こういったことはかなりやっていることである．また消費者の調査でも，メーカーの考えのわく組で消費者のことをはかろうとしてもだめだし，消費者の考えでみていると思いながら，実はメーカーの心の根強さが底流している，というのでは消費者の本当のことはわからない．こうしたことに気がついてくると，調査の計画をどうたてたらよいかが異なってくるわけである．まさに国際比較調査の思わぬ恩恵ということである．

　また，どういう質問の組をつくったらよいか，どのように考えのすじ道をさぐって行くのがよいか，質問の組み合わせを変えて心のすじ道の変わり，動く姿を見ることによって，より深い知見が得られるかということも，意識調査による国際比較の調査の結果，その有効性がひしひしとわかってきたのである．ひと口でいえば，調査の道具である質問の内容，組み合わせ方で，相手がどのような考えのすじ道を示す傾向があるかがわかってくる．それら性質をよく知りぬいた道具（質問）をうまく組み合わせて調査を行った結果，面白いことの出てきた国際比較での私の経験から一つの例を示してみよう．

日本人の考え方と西欧の考え方

日本人集団とアメリカ人集団を対象に，3つの性質の質問を与えて比較調査をしたことがある．質問は，①近代と伝統に関する質問（日本的発想にもとづく質問），②人間の信頼感に関する質問（アメリカ的発想の質問），③仕事観に関する質問（現代高度産業社会に共通する発想にもとづく質問）である（図21）．

その結果は，日本人では伝統 – 近代について一番はっきりした傾向が認められ，次いで仕事観についての意見が明確であるのに，人間の信頼感についてはまとまった傾向が浮かんでこない．これに対しアメリカ人では，まず人間への信頼感についての意見が強く出る．次いで仕事観がほぼ日本人と同じような形で表われるが，伝統 – 近代に関してはまとまった意見が出てこない．そこで仕事観と人間の信頼感の2つの性質の質問だけを取り出して比較してみると，その意見構造は日本人とアメリカ人でほとんど同じであった（仕事観のうち，「気のあった仲間と一緒に仕事をしたい」という点だけは，日本人に特に普遍的でアメリカ人と差があるが）．しかし，これに伝統 – 近代の考えを入れてくると，はっきりした差異が明らかになってくる．

この両国民のちがいをさらに追及するため，伝統 – 近代に関する質問群を，①人間関係について（人情課長好みかどうかなど），②政治観など社会意識について（すぐれた政治家が出てきたら，国民が互いに議論をたたかわせる

① **近代と伝統に関する質問**（日本的発想にもとづくもの，抜すい）
  1. あなたは，自分が正しいと思えば世のしきたりに反しても，それをおし通すべきだと思いますか，それとも世間のしきたりに，従った方がまちがいないと思いますか？
     1 おし通せ　2 従え　3 場合による
  2. こういう意見があります．
     「日本の国をよくするためには，すぐれた政治家がでてきたら，国民がたがいに議論をたたかわせるよりは，その人にまかせる方がよい」というのですが，あなたはこれに賛成ですか，それとも反対ですか？
     1 賛成（まかせる）　2 反対（まかせっきりはいけない）
  3. ある会社につぎのような2人の課長がいます．もしあなたが使われるとしたら，どちらの課長につかわれる方がよいと思いますか，どちらか1つあげて下さい？
     1 規則をまげてまで，無理な仕事をさせることはありませんが，仕事以外のことでは人の面倒を見ません．
     2 時には規則をまげて，無理な仕事をさせることもありますが，仕事のこと以外でも人の面倒をよく見ます．

② **人間の信頼感に関する質問**（アメリカ的発想にもとづくもの）
  1. たいていの人は，他人の役にたとうとしていると思いますか，それとも，自分のことだけに気をくばっていると思いますか？
     1 他人の役にたとうとしている
     2 自分のことだけに気をくばっている
  2. 他人は，スキがあれば，あなたを利用しようとしていると思いますか，それとも，そんなことはないと思いますか？
     1 利用しようとしていると思う　2 そんなことはないと思う
  3. たいていの人は信頼できると思いますか，それとも，用心するにこしたことはないと思いますか？
     1 信頼できると思う　2 用心するにこしたことはないと思う

③ **仕事観に関する質問**（現代高度産業社会に共通する発想にもとづくもの）
  1. ここに仕事について，ふだん話題になることがあります．あなたは，どれに一番関心がありますか？
     1 かなりよい給料がもらえること
     2 倒産や失業の恐れがない仕事
     3 気の合った人たちと働くこと
     4 やりとげたという感じがもてる仕事
  2. もし，一生，楽に生活できるだけのお金がたまったとしたら，あなたはずっと働きますか，それとも働くのをやめますか？
     1 ずっと働く　2 働くのをやめる
  3. こういう意見があります．
     「どんなに世の中が機械化しても，人の心の豊かさ（人間らしさ）はへりはしない」というのですが，あなたはこの意見に賛成ですか，それとも反対ですか？
     1 賛成〔へらない〕　2 反対〔へる〕　3 いちがいにいえない

図21　日本とアメリカの比較調査のための質問（抜すい）

より，その人にまかせたほうがよいかどうかなど），の2つに分けて調べてみた．すると日本人は，人間関係で近代的考えをするグループは社会意識でも近代的見方をし，伝統的考えの人たちは人間関係と社会観の両方で伝統的意見を持つのに対し，アメリカ人では人間関係については意見がバラバラになっていることがわかった．そこでアメリカ人について，社会思想についての伝統-近代だけを取りあげて分析してみると，アメリカ人の持つ人間への信頼感と，われわれがいわゆる近代的と考えている意見とにきわめて強いむすびつきのあることがわかったのである．

ところが興味深いことに，近代的意見の対極となる伝統的意見が見当たらない．つまりアメリカ人の間では近代・伝統という対極の中で近代がとらえられているのではなく，近代的意見だけが核をなしているのである．日本人の考えているようなわく組で考えられていない，ということである．人間関係は別にしても，"アメリカはこうだ"という時，伝統-近代の軸の上で日本人はそれらしく考えているのであるが，アメリカ人は異なった軸の上でそう考えているのである．

こうしたことがわかってきたのも，結局，いろいろな質問の性格を知ってその組み合わせを変えて分析したからである．この方法は前にも述べたように国際比較だけでなく，日本国内においても若者グループと老人グループとの比較調査その他の比較・対比調査に応用できる．

もう一つの国際比較による私の経験をあげておこう．日

本人には昔からフランス好みの人が多かったが、日本人とフランス人の考え方にはそんなに共通性があるのだろうか。かつて「生活の質」について日仏両国民（厳密には東京とパリ）の比較調査をしてみたことがある。家族・健康・教育・医療・環境・一般社会意識などたくさんの質問をつくりそれぞれに回答してもらう。基本的には①満足②中間③不満足の3つの考えのすじが出てくるのは、日本とフランスでまったく同じであったが、その構造は大きくちがう。日本人ではまず、①はっきりイエスかノーと回答するグループと、②中間的な回答をするグループに分かれ、そののちに①のグループが賛成と反対に分かれる。これに対しフランス人では、まず、①満足するグループと、②不満足のグループに分かれ、それから中間的回答をするグループが分離する。

　さらによく調べてみると、フランス人では生活に満足するという意見の内訳が分化していることがわかってきた。家族問題には満足しているが、健康問題には満足していない。経済問題はまあまあだが、政治については不満足、といった具合である。これに対し、日本人は一つの問題について満足（不満足）だと回答した人は他のほとんどの問題に満足（不満足）というように、分化していない。いわば"一つよければすべてよし"という形で、満足グループ（体制派？）と不満足グループ（反体制派？）がはっきり分かれている。

　前のアメリカ人との比較の例と同様、質問の性質をよく

人はいつも同じ答えをするか——回答確率の問題

 話をもとにもどそう．ある調査で調査対象の人に学歴を聞いたことがある．1回めと2回めの調査の間隔が1年として，成人であれば同じ回答が返ってくるはずである．ところが1回めと2回めで答えが完全に一致したのは75％，類似した答えをまとめても95％しか一致していなかった．支持政党についての回答の一致率は98％（1週間後に再質問の場合）と高いが，衣食住が洋風か和風かでは一致率40％と低く，一般に回答者と直接関係がうすい問題になれば，この一致率は下がる傾向がある．

 調査は回答者の回答を土台としているのであるから，このように回答者が一度「イエス」と答えたからといって，常に「イエス」と答えるとは限らないとすると，調査の土台がくずれてしまう．この回答確率の問題は，調査において絶対的な賛成，反対のパーセントを問題にする際，賛否の数からだけで単純に結論を出せないことを意味する．ではどうすればこの難問を突破できるだろうか．その一つは前に質問法のところでふれたオハジキを置かせて回答をとるというやり方である（87ページ）．これでかなり解決できるが，別の方法も考えられる．その糸口は，1人ひとりを追跡した場合，回答の不一致という現象は避けられないが，それを集めた全体では回答はほぼ一致する，という事

	データ	+	−
本来			
5500 人	+	0.7	0.3
4500 人	−	0.2	0.8
データ		4750 人	5250 人

表20 ある回答確率の例

実である．個々の回答の不一致——回答確率の存在を乗り越えて，本質をとらえる方法を確立しておけばよい．

10000人の人を対象に，賛成（+）と反対（−）を問う調査を行ったとしよう．本来の回答では賛成が5500人（55%），反対が4500人（45%）で，賛成のほうが10%も多い．ところが今，述べたように本来は賛成（あるいは反対）なのに，実際には逆に回答することがあることを念頭におかなければならない．仮に本来，賛成で回答でも賛成と答える確率が0.7，回答では反対という人の確率が0.3．またもともと反対で正しく反対と答える確率が0.8，反対なのに実際には賛成と答える確率が0.2とする．そうすると，実際にデータに表われる結果は，賛成という回答は平均的に $5500\times0.7+4500\times0.2=4750$，反対という回答は $5500\times0.3+4500\times0.8=5250$ となり，反対のほうが5%多く出てしまう（表20）．だから，データに出た結果からそのまま結論を出すと，本当の姿と逆の結論を導き出す恐れがある．

このような誤りを避けるためには，0.8とか0.7といっ

本来＼現象	＋	±	−
＋	1	0	0
±	0	1	0
−	0	0	1

表21　回答誤差がない時の回答確率

1回＼2回	＋	±	−
＋	100	0	0
±	0	1000	0
−	0	0	200

表22　2回調査の場合の回答数

た回答の確率を基礎的な研究によってはっきりさせておけばよい．それがわかっていれば，データの数字から賛成の実数を m，反対の実数を n として，
$$\begin{cases} 0.7m + 0.2n = 4750 \\ 0.3m + 0.8n = 5250 \end{cases}$$
から m が5500，n が4500という数を求めることができる．

今の例は1回の調査の場合だが，2回調査を行う場合はさらに問題は複雑になる．今，3種類の回答——賛成 (＋)，中間 (±)，反対 (−) がある調査を行ったとしよう．そして本来の回答数はn＋ が100，n± が1000，n− が200とする．みんなが自分の意見を正しく回答する，

本来＼現象	＋	±	－
＋	0.7	0.2	0.1
±	0.2	0.6	0.2
－	0.1	0.1	0.8

表23　回答誤差のある時の回答確率

1回＼2回	＋	±	－	計
＋	91	136	63	290
±	136	366	138	640
－	63	138	169	370
計	290	640	370	1300

表24　回答誤差のある場合のクロス表

つまり回答誤差がないものとすると，その回答確率は表21のようになり，同じ調査をもう一度やった時の回答数は表22のようになる．つまり＋は＋，±は±，－は－と常に出てくるはずである．

ところが，そんな機械のような人は少なく，心の中とちがった回答をする人が必ずいるとして，その回答確率が表23のようであったとする．先の例のように第1回調査で本当の姿とは異なるデータが出るだけでなく，2回めの調査でさらにそのゆがみが大きくなる（表24）．数字で示すと，1回めに＋と出る数は

$$100 \times 0.7 + 1000 \times 0.2 + 200 \times 0.1$$
$$= 70 + 200 + 20 = 290$$

で本当は100であるのが290と多く出る．そして2回めの調査で同じ回答確率を考えると，1回めに＋と答えて2回めの調査でふたたび＋と回答する数は，

$$70 \times 0.7 + 200 \times 0.2 + 20 \times 0.1 = 49 + 40 + 2 = 91$$

となる．また±と答える数は

$$70 \times 0.2 + 200 \times 0.6 + 20 \times 0.1 = 14 + 120 + 2 = 136$$

－を示す数は

$$70 \times 0.1 + 200 \times 0.2 + 20 \times 0.8 = 7 + 40 + 16 = 63$$

となる．つまり1回め＋であった回答が2回めで＋以外になるものがより多くなり，1回め－であったものは2回めで－以外のものになるものがより多くなる．だから，表23だけをみていると，1回めと2回めの調査で，＋の回答は＋以外へ，－のものは－以外になるよう，逆方向へ向う力が働いている，と結論しがちである．しかし本当は表24のように1回めと2回めとで変化がないのが本当の姿なのである．

こうしたなまのデータも回答確率の表がわかっていれば，計算によって正しい答えを求めることができる．それには基礎研究でこの回答確率をつかまえる必要がある．時をおいて2回調査してつき合わせて算出するのもよいし，オハジキを置かせて推定するのも一つの考え方である．

こうした例は，意識調査で大きくクローズアップされるようであるが，測定値変動の多い医学の検査データでもよ

く起こることである．単純化して話をしてみよう．まず検査を受け＋で悪いといわれた．薬をのまされた．2回めの検査を受けて−と出た．これで「よくなりました．薬がきいた」となれば，これは問題のある推論の仕方である．何もしなくても，前の例で示したように確率変動でこうなる確率が高くなるからである．問題は，こうした傾向のあることを承知してデータを読むことである．確率的な回答をしているのにもかかわらず，これがないものとしてデータを読みこむことは，はなはだ危険なことになる．

単純集計，相関表の分析にはこうした危険がかくされているので，性急に数字を読むことには十分，注意しなければならない．

考えのすじ道と確率的な回答

確率的な回答をしていると考え，個人を何回か調査して，その結果をまとめてみることを考えてみよう．人を3回調査したのであれば，別の3人と考えてみてもよいわけである．500人を対象とし3回のデータを使えば，1500人の調査をしたと考えて分析する．

考えのすじ道を出す時に使ったパターン分類の数量化を用いてサンプルの布置図を求めてみる．同じ人を3回調査するので，当然，学習効果が出て「わからない」というDK回答がしだいに減ってくるのであるが，個人の布置を求めてみると，ほとんど同じところに位置していることがわかった．つまり，個人は調査のたびに回答がゆれ，確率

的な回答をしているものの，総合的には，同じような意見を持っていると考えてよいことがわかったのである．これは，大きな救いであった．個人の総合は同じ，意見・構造も同じとなると，残りは単純集計，相関表からの解釈ということになる．

　今まで，一番単純であると考えていた「こういう回答が何％」という数字そのものの意味を考えることが，一番むずかしい問題になる．つまり絶対数何％という数字そのものの意味である．あまりこまかいことをいうのは大きな疑問になるわけである．なんらかの比較ということ，意識構造ということのほうが，手堅い情報があるということになる．

　最初に述べたように，すべて完全なものはない．注意して活用しながら，しだいによいものに仕上げて行くという態度が，調査の科学として重要なものである，と結論しよう．

第6章　調査結果をどう使うか

社会調査は市場調査の土台

　私はこれまで，主として世論調査などのいわゆる社会調査を中心に，調査の基本的な考え方，方法，具体的な実施方法を述べてきたが，社会の中で実際に世論調査などの実務にたずさわる人はそう多くないだろう．むしろ一般には調査といえば，消費者の好みを知りたいとか，あるテレビ番組がどれくらいの人たちに好まれているかとか，あるいは広告の効果が本当にあったのか，などいわゆる市場調査（マーケット・リサーチ）への関心と要求が高いにちがいない．それを知りながら私が社会調査を中心に話を進めてきたのは，私の専門が社会調査であるということもあるが，多数の人間を対象に調査を行ううえで，社会調査はそのすべての基本であり，市場調査は社会調査の一つの展開として考えることができるからである．いい換えれば，社会調査の考え方，方法を正しく身につけていれば，実社会で求められる多種多様な市場調査を適切に行うことができる道が開けてくるのである．ただ，この場合，基本ができているといって，それがそのまますぐ応用面で本当に役立つ調査ができることにつながるわけではない．数学の教科

書の問題は解けても，実際の現象から生じた応用問題がすぐには解けない場合があるのと同じである．

ではなぜ，社会調査はすべての調査の基本になるといえるのか？ 第1に社会調査では，手法，精度，およびその結果に対して，他の調査と比べてずば抜けたきびしさが要求されるからである．

われわれ自身を考えてもわかるように，人間の考えは，同一人でも年代により，時により，条件により変化する．そのゆれ動く人間が集まった集団の考えは，さらにまとまりにくく不安定になる．その人間集団の考え，つまり世論の実体を正しくつかむのが如何にむずかしいことか，誰でもおわかりだろう．このやっかいな人間の考えを科学的にとらえるには世論調査しかない．したがって世論調査で浮かびあがってきた結果が「世論」だということになってしまう．

もし世論調査の基本的考え方，あるいは方法が間違っていれば，ゆがんだ形の世論がまかり通ることになる．その結果は，政治の方向を誤らせ，社会全体が1人1人の人間の望むのとは別の方向に行ってしまうかもしれない．しかも独裁国家は別としてわが国のような開かれた社会では，世論調査などの社会調査は，公表されることが前提になっている．公表される以上，可能な限り厳格に調査してある程度以上の精度がなければならない．社会調査が調査のなかで一番のきびしい方法を要求されるのは，この公的な性質のためである．

費用効果を重視する市場調査

これに対し,市場調査はあくまで一企業,あるいは一組織の私的なものであり,必ずしも公表する必要はない.得られた結果は,その企業の今後の経営のなかで生かしていけばよいわけである.正確な情報がベストであるから,具体的には世論調査と同じようにごく厳格に調査し,高い精度の結果を出すのが一番よい.しかし,精度だけを追っていると,調査の費用ばかりかかり調査は正しかったが,会社はつぶれてしまったということになりかねない.そこで情報に見合う調査の質ということが大切になる.つまり企業にとって必要な精度の情報を得るのに,調査にどれだけの費用をかけるのが妥当か,ということである.必要以上の精度を出すためにやたらに金をかけるのは無意味だし,といって調査の費用を惜しむあまり,非常に低い精度の情報しか得られないのでは,調査の意味がなくなってしまう.

また,市場調査ではある種の調査を行った場合,前にもちょっとふれたが,従来持っている社内情報と比べてあまりにも非常識な結果が出たら,それをチェックすることができる.市場調査の結果ではある商品への要求が高いが,他の方法で得られた情報では常識的にそんなことはあり得ない,として調査の結果をもう一度見直すといった具合である.つまり,既存の情報でチェックできることが多い.このことも,目的に応じて調査にかける費用を考える上で,重要な要素である.以上のことが,公的な社会調査

と私的な市場調査の大きなちがいで,基本は共通といっても,このちがいを理解し,応用動作に巧みで調査に妥当性を与えないと,生きた市場調査を行うことはできない.

　だから,企業で市場調査をうまく活用し,経営に役立ててゆくには,どのように調査結果を読むか,どの程度の精度の情報があれば十分かを"経験法則"としてきずきあげておく必要がある.具体的には,市場調査に当たる人は,いったん身につけた社会調査のきびしい方法を土台に,精度にメリハリをつけて最少の費用,日時で必要な情報を得るか,を学ぶことが不可欠ということになる(最少といっても必ずしも安価となるとは限らない.ものによっては多額になるが,目的に対して最少ということである).調査の手法を習う過程ではもちろん,高い精度を目標とする厳格なやり方の勉強を基礎にする.そして実際にやる場合は,それをそのまま使うことも勿論あるが,そればかりではなく目的に応じて簡便な方法も工夫して使い,その可能性を現実のデータを用いてたしかめて行かなくてはなるまい.

　まとめてみると,大事なのは厳格な方法を基礎に簡易な方法を用いているのだ,という意識を持つこと,厳格な方法と簡易な方法とはどういう点で異なるかを熟知していること,その妥当性を実際のデータとつき合わせて科学的に明らかにしておくこと,が不可欠である.

市場調査固有の方法の活用

ある新製品を売り出し,その販売促進にテレビに CM を流した.この CM がどれほど消費者の目や耳にふれ,新製品の購入につながったかを知りたい.この場合,もし社会調査のように母集団を決め,そこから調査標本を任意にえらんで調査員が 1 人 1 人質問するというやり方をしたら,ぼう大な費用と長い期間がかかってしまう.そこで電話帳でランダムに調査対象の人をある数えらんで電話で質問する.勿論,実施には十分協力が得られるように礼をつくさなければならないのは当然である.この電話調査なら,そんなに時間も費用もかからないが,1,2 回の調査では妥当な情報は得られたかどうかはわからないだろう.しかし何回かこうした一定の方式で(実施方法を変えたらだめ)調査をやりながら,新製品の実際の売れ行きの時間的変化とつき合わせてみると,電話調査でわかる情報の性格,あるいは一定の傾向が浮かびあがってくるのがふつうである.そうなると手軽な電話調査でも 2 週間もすると,CM をもっとやったほうがよい,CM はもうやめても大丈夫,あるいは今後どんな方法で押しても売れ行きは期待できない,などがわかってくる.応用動作の勝利というわけである.

自動車とかいろいろな製品の試用試験も,一種の簡便法に他ならない.ニューモデルの製品の性能を知るため,ランダム・サンプリングでえらばれた不特定多数の人にあらゆる条件の下で使ってもらい,そこから情報を得ようとす

ることは実際上，不可能である．そこで社員に関係のあるグループなどの特定の集団とか，あるいは特定のコースを使ってテストをする．こうして得られた調査結果は正確にいえば一般に偏りのあるデータであろう．しかし，その結果を全体に当てはめた時にいかなる位置づけになり，それをどう活用すればよいかがわかっていれば，十分役に立つはずである．いい換えればある試用試験が全体をなんらかの意味で反映するよいシミュレーションになっているか，いないかを学ぶことが大切なわけである．

　この考えは，調査データと現実との対応を常に考え，仮にデータがゆがんでいてもそれを実際に当てはめた場合，両者の間にどのような関係があるか，ゆがみがどんな性質のものかを，科学的に知って利用することであり，世論調査の基本的考え方とまったく変わらない．ただ，このような調査結果がそっくりそのままランダム・サンプリング調査による全体の傾向を表わすものではないことを強調したい．しかし，なんらかの指標（インデックス）になっているかが，経験法則で実証されるということである．したがってあるケースで認められた調査データと現実との関係が，他の場合にいつもまったく同じに当てはまるとは限らない．それをつかむにはやはり当事者の経験がものをいう．今までに蓄積した調査結果と現実との関係をうまく使いわけるのが，市場調査の利用が上手な会社である．

　社会調査では正確な再現性が第一であった．だが，市場調査ではゆがみのない正確さよりも，現実的な情報の価値

が優先する．100万円の調査費用では中程度の正確さの情報が，1000万円かければはるかに正確な調査結果が提供される，という場合，どちらを選ぶかは，コスト当たりのその企業が必要としている情報価値で決まってくる．どうしても正確な情報が必要なら，調査費用を惜しまないだろうし，あるレベルの正確さでよければそれに見合ったコストの調査方法を選ぶ．そしてそれを判断するのは，すぐれた経営センスと豊かな経験を持った，企業なり組織のリーダーの役割である．

　世論調査で世論の一つの動向はわかるが，世の中の人のすべての考えがわかるはずのものではない．これは不可能のことである．わかったのはあるいくつかの指標（現在の意見，現状満足度，建て前，期待，願望など）であって，それをもとにどのような政策なり対応をしてゆくかは政治家や行政の責任である．と同様に一般の人に対し，「ではどんな新製品を作ればよいか」と聞くのは，市場調査の意味を誤解している人である．

　たしかに市場調査で，今消費者がどんな製品をほしがっているか，という願望，ニーズはつかめる．しかしニーズはあくまで願望であって，製品を作る立場からみるとかなり頼りないものである．個人の願望でもニーズでも相矛盾した性格を持つものが含まれ，そのまま製品に持ち込めるようなものではない．その願望を完全に満たす製品は現実にあり得ないことも多い．そのニーズをまとめて，ほどよくバランスをとって実際に買いたくなるような製品をつく

りあげる，あるいは人を実際にひきつけるには何を打ち出せばよいかを決めるのは，経営者の役割であろう．

調査には一定の性格がある

社会調査であれ，市場調査であれ，調査を十分に使いこなすには，調査の固有の性格をつかんでおかなければならない．「世論調査，あるいは社会調査にはウソがある」という声をよく聞く．こういう感じをいだく主な理由は，社会調査というものの性格をよく理解していないからと思う．社会調査に期待していただくことはうれしいが，調査でわかることとわからないことがあるのは厳然たる事実で，社会調査は全能ではない．まとめの意味で，多少の重複をいとわずにこの点をもう一度見直してみよう．

第1に，世論調査で調べても意味のないテーマがある．たとえば政策のようなむずかしい問題は，それを理解する知識のレベルに差があり過ぎ，どんな政策がよいか，と聞かれてもまとまった答えにならない．調査で出てくるのは，先の市場調査のところでふれたように，願望あるいは期待であって，それを具体化するための政策は世論調査からはただちに出てこない．

自衛隊についての世論調査ではここ20年以上も「現状のままがよい」という結果が出ているのに，現実には自衛隊は増強されている．毎年増強されているにもかかわらず「現状がいい」という結果が出るのは，世論調査そのものがおかしいので，世論調査をやる意味がない，という見方

がある．しかしそうではなく，現状でよいという世論は，常識の範囲でバランスが保たれていれば，それを認めるということを意味しているのである．防衛予算はたしかにふえているが，それが全体の予算の中で大きな突出と感じない範囲であれば積極的に反対しない，というわけである．それがよいか悪いかは別として，世論というものは，あるバランスの範囲内で変化する中では"現状肯定"的な傾向があるのである．いい換えれば，大きな変化には敏感に反応するが，少しずつの変化には気づきにくい，といってもよいかもしれない．だからこの場合の「世論調査にはウソがある」という批判には，「世論調査というものの性格をよく理解していないから」と答えるほかないし，世論がこのような性格を持つことがわかったのは，世論調査の結果ともいえる．

　選挙についての調査で，投票前と投票後では異なった結果がでることは第3章で述べた（104ページ）．市場調査などでも，「あなたはこの1カ月でどんな銘柄の商品を買いましたか」という質問をすると日記式に毎日記録するような実態調査をしない限り，有名ブランドのものほど実際に売れた数より多くあがってくるし，もっと以前の使用経験もここに含まれてくる可能性がある．要するに"現実は必ずしも調査の結果の通りにはならない"のである．これは，調査が本来持つ性格である．この性格をよく心得ていないと，せっかくの調査を間違って使うことになってしまう．だから，社会調査を真に役立てるには，調査データ，

実際の知識，それに経験を常に対応させてその調査の持つ性格を明らかにし，そのうえで判断しなければならない．

調査のメリットと限界

調査の結果は，必ずしも現実そのものではないこともあるが，世の中を示す一つの指標となっている，ということは何回も述べてきた．また，調査では全体的な結果の他に，男と女，あるいは年代の差など，部分集団についての結果を知ることができる（127ページ）．だから社会調査の数字は一見，目が粗そうにみえるが，属性に分けてその意味をみると，他の方法ではつかめないかなりこまかなことがわかってくる．その他，分析をほどこせば，前述のように他の方法では知ることのできない情報が得られる．ここに社会調査の大きなメリットがある．

メリットがあれば当然，限界もある．その一つに問題の種類によって調査の限界を越えてしまう場合がある．その典型的な例は地域の開発問題についての調査である．遠い将来のこととして開発問題についての世論調査をすることはできるが，それが具体化して個々の利害関係がきびしく出てくるようになると，もう調査の限界を越えてしまう．うっかりしゃべると損をするようなことには，口を開かなくなるのである．

かつて東京都内で新しい道路をつくる計画が持ちあがった時，一般の人々の意見を聞いてみよう，ということがあった．だが，こういった調査はやらない前から出る結果

がわかりきっている．ごく近くに道路ができて土地をけずられたり騒音に悩まされる人たちは反対するだろうし，離れたところに住みその道路を利用する人は賛成するのは，火を見るより明らかである．調査を行う範囲によって結果は決まってくるし，ある地域で反対だ賛成だといっても，それにどのような意味があるか，実際には何の役にも立たない．こういった問題は，調査の活用の立場からみるとその限界を越えており，調査によって道路建設の是非を決めようというのは，ある政治的意図を別にしてはまったく無意味な調査である．

東海地震などを予想して「地震が起きた時どうしますか」といった調査が行われている．この調査で一応の結果は出ることは出るが，その信頼性は低い．回答者の答えが質問の時々によって変化しやすく，しかも実際に答えたように行動するかどうか，まったくわからない．もしこの種の調査結果のみにもとづいて地震対策をたてたとしても，あまり役に立たないだろう．「もし起こったらどうするか」と「起こった時どうしたか」は，まったくちがうのである．ともかく架空のことを聞くのは，質問の時期により内容により変わりやすく，信頼性が低いことを知っておいてほしい．

マーケット・リサーチでは「こういう新製品が売り出されたら，あなたは買いますか」という調査がよく行われる．しかし実際にその新製品が売り出されたあと，本当に買ったかどうかたしかめてみると，売り出し前の調査結果

と，実際の売れ行きの間には，関係が乏しいのがふつうであろう．「こんな新製品が……」といわれても，はっきりしたイメージを持つことができず，実際の製品を手に持った時の行動とはつながらないのであろう．だからこういった調査結果を本当と思って販売計画をたてるのはあぶない．

テレビ視聴率の意味

テレビ時代といわれる現在，テレビの視聴率は，もっとも広く関心をもたれる調査結果の一つであろう．テレビ放送にかかわる当事者はもとより，広告関係者，スポンサーなど多くの人が，視聴率の数字に一喜一憂している．視聴率にふりまわされて，一般受けばかりねらった番組が横行するのは嘆かわしい，と視聴率重視を非難する人がいるが，私はそうは思わない．視聴率を軽視してごく少数の人にしか見られない番組を制作して満足しているとすれば，それはテレビの本質を忘れた自己満足にほかならないと思う．テレビはできるだけ多くの人に，現在，求められる情報を伝えるのが目的であり，評価を後世にまつという性格のものではない．ごく少数の限られた人に，長い年代，価値のうすれない情報を伝えることももちろん必要だが，それはテレビ以外の媒体を利用すればよいだろう．テレビ番組はよい内容（さまざまな定義があろうが，深刻なものばかりがよいのではない）と高視聴率がその生命である．

ただし，ここで視聴率というのは，全体の視聴率だけを

いうのではないことに注意してほしい．重要なのは「ねらった対象」に対する視聴率である．たとえば60歳以上の高年齢層の人々に訴えたい番組であれば，そのねらった層での視聴率が低ければ，番組制作の意図はねらった対象に十分伝わらず，失敗したことになる．この「ねらった対象のとり方やその配分」にはいろいろの立場があり，各放送局が決めるべきであろう．それによって対象の数と性格はちがっても，いったん決めた対象での視聴率を高めるために努力することは，当然である．ただ，先にふれたように，テレビ番組の対象の総数にはおのずから一定のレベルがある．その数があまりにも小さい場合は，テレビという媒体を使うには適さないことになる．

　視聴率，つまり受像機を持つ国民の何％の人々があるテレビの番組を実際に視聴しているかは，現在，調査機（メータ）を用いた方法と，個人面接法によって調べられている．調査機による調査は，テレビ受像機のチャンネルスイッチに連動し，どのチャンネルにスイッチが入っているかを即時連続記録できるメータ（ビデオメータ，オーディオメータなど）を，ある地域からランダムにえらんだある数の家庭にとりつけ，調べている．わが国ではビデオリサーチとニールセンの2つの調査機関が，東京，大阪，名古屋などで調査している．メータを置く家庭の数は，200〜300程度で，メータの設置場所は，調査の厳密さを保つため厳重に秘密にされている．

　メータによる視聴率調査は，その家族のうち誰が見た

か，その反応はどうか，など個人単位のことはわからないが，ふつうの面接法や自己記入式の調査法とちがって，自動的に——調査を受ける人が意識せずに——データがとれるので，意識的な記入誤差など，調査段階における誤差が少ない．また分きざみで継時的・継続的にデータをとれるため，時系列データ，視聴率の動きを読みとることができる．これに日記式自己記録調査を併用すれば，世帯単位の視聴率だけでなく，個人の視聴率，視聴態度なども知ることができる．NHK全国視聴率調査によれば，数字にあらわれた視聴率は，1%当たり全国7歳以上の約104万人に当たるとされている．

　視聴率（この場合はメータによるデータ）で一番問題とされるのは，① 実際のパーセントで示される数字の精度，② 調査機関による調査結果の数字の差，の2つであろう．第1の精度については，メータで直接データをとるのであるから，調査実施段階でのいわゆる非標本誤差はメータの取りつけによって視聴態度が変わること（継続調査なのでふつうは考えられないが）を除いてまずないと考えてよい．残るのは第2章で述べた標本抽出調査における推定誤差である．私は，現在のような標本の大きさ（200〜300世帯）による標本抽出調査では，視聴率20〜30%くらいのところで4〜5%ぐらいの誤差は避けられない，と考えている．かつてこのような発言をした際，スポンサーの担当者から「われわれは1%の視聴率の数字に骨身をけずっている．現実を知らぬ学者のたわ言だ」という反論

を受けたことがある．しかし，この4〜5%の誤差は，調査の科学が示す冷厳なる事実である．誤差があっても，どの番組が相対的によく見られている（あるいは見られていない）かは，現在のレベルでも十分わかる．4〜5%の誤差があるデータをもとに，1〜2%の差による視聴率の順位に目の色を変えているのが，ナンセンスなのである．

標本調査であるから，「調査対象の集まり」の性格を正しく規定し，標本を大きくして費用をかければ，今より高い精度の視聴率を得ることは可能であろう．もし1%以内の精度を求めるのであれば，要求する精度に見合う調査費用を負担すべきである．ただ，いくら費用をかけても限界はあり，事務処理，データ分析の条件を考えれば，1%以下の精密科学のような精度を求めるのは，調査の本質からいって得策ではない．

第2の調査機関によるデータの差は，第1の調査精度よりも，当事者には気になるかもしれない．2つの調査機関が正しい調査法にしたがって調査し，番組ごとの視聴率が出る．これを比較するため横軸にA機関のデータ，縦軸にB機関のデータをとり，得られた番組の視聴率を目盛ってみると，45度の直線を中心にばらまかれると期待される（標本調査であるためまったく同じ数値を示すことはない）が，実際にはこうはならない．

ゴールデンアワーの各局の番組の視聴率の分布をグラフにすると，ふつう低いものと高いものを両端としてその中間に1つの山がある分布が示される．この場合，A機関

の調査で平均視聴率より低い番組の視聴率は，B機関の調査ではより高い視聴率を示す傾向があり，平均視聴率より高い番組では，B機関による視聴率がA機関による視聴率より低く出る傾向がある．しかし，逆にみてみると，B機関の調査で平均視聴率より低い視聴率の番組は，A機関ではそれより高い視聴率を示し，平均視聴率が高い番組では，A機関の調査ではより低い視聴率を示す傾向がある．一見，2つの調査機関による数値の関係が異なり偏ってみえるので，実質的なちがいがあるように受け取られがちである．しかしこれは，A機関とB機関が対象としたランダムな標本が異なることによって，出るべくして出る傾向であり，このことは数式ではっきり計算できる．どちらかの調査機関の調査方法が間違っているということではない．

このような一定の傾向を示す誤差のいたずらは，同一機関が同一標本を対象に，時をおいて同じ調査（たとえばある年齢層の血圧分布を調べる）を行った場合，つまりある年の調査とその1年後の調査結果との間でも認められる．血圧調査の場合，血圧値は測定ごとに変動するので，いわゆる測定誤差としてはっきり出てくる．しかし，このような傾向がある場合でも，2つの調査を比較するための図の45度の線を軸としてデータの分布を見ると，この線を対称軸として，ほぼ対称にデータがばらまかれていることがわかる．

こうした傾向（データが対称になる）が出た場合，

A,B両機関のどちらの数字をとるかについては，2つの調査が正しくランダム・サンプルで調査されているかを調べ，もしそうなら2つの調査機関の数値の平均値を出してみるのも，この種の調査結果の使い方の一つであろう．

以上のように視聴率の結果を正しく読むには，標本調査に伴う誤差の大きさと傾向を十分知っておく必要がある．視聴率調査は，より精度を高めるための方法の研究はもちろん必要であるが，現状では今まで述べた程度の精度に見合った使い方を考えるのが妥当だろう．ひと口にいえば1～2%の差で順位を云々するのではなく，時系列による視聴率増減の傾向を大局的につかみ，そこから質的な情報をさぐり出すことである．継続調査による視聴率の動きから，将来の大きな変化の前兆をつかめるだろうし，番組の始まりから終わりまでの視聴率の変化を分析すれば，その番組の性格を知ることもできるはずだし，社会の心の動きもとらえることができる．

予測は可能か

調査にはメリットと同時に限界もあり，架空の問題は限界を越える——．とすると，調査は前向きには役立たないのか？という疑問を誰もが持ったにちがいない．しかし，ものによっては調査は後ろ向きのものがあるが，前向きになるようにデザインと分析を考えることはできる．たしかに社会現象は2度くり返さないという点からみれば，

調査による予測は不可能である．しかし，まったく同じ現象がくり返し起こることはないが，ある点に着目した関係がくり返すことは，おおいにあり，その意味では予測は不可能ではない．

たとえば選挙前の調査による政党支持率やその短期的変化の動向（政党の勢いともいう）と得票数との間には，安定した関係がある．選挙のたびごとに立候補者個人も，その数もちがうし，その時の政治・経済状勢も異なる．しかし各候補者についてみると，この程度の支持率があり，候補者の経歴，所属政党支持の支持はこれくらいであれば，どれくらいの得票率になるかという関係はほぼ一定で変わりない．世論調査の支持率と実際の得票率との関係だけでなく，この他にも選挙については候補者の特性と当落予測などいくつかの関係がある．こまかくみるとこれらの関係は1つ1つちがうように見えるが，ある程度大局的にみると，一定の関係わくのなかに入る．ここに社会調査で予測が可能となる根拠がある．

結局，調査データのなかのどの部分の関係が，過去の調査をデータとしてみた時，時間を越えて成立するか，をみつけ出すことができれば，予測ができるわけである．景気予測もこれと同じ考えに立って行われるもので，もし予測がまったく不可能というのなら，経済政策の立案はできないことになってしまう．そういう観点に立てば，人間の行動のなかで予測不可能というものは少ない．ある病気の症状の時にどういう治療を行ったらなおった，という過去

のデータがあり，この症状と治療方法との関係が恒常的に（勿論，確率的に表現されるある程度の範囲内でのことである）成立していると考えるから，病気を治療するという医師の科学的行為も成り立つのである．

そして予測の精度は，一定の関係が誤差が少なく近似的に常に成り立つという恒常性が高いほどよくなり，ある時点で関係が強くあっても再現性が少ない，つまり恒常性が低ければ予測の精度は落ちる．したがって社会現象の予測は，どの部分の関係が望ましい近似性を持って恒常的に成り立っているかということ，つまり強い関係の恒常性がどれほど高いかを，調査を通じてみつけ出すことにかかってくる．調査方法をいつも一定にし，正確なデータをとることが大切，と今まで何度も強調してきたのは，このために重要だからである．また，継続調査が大切というのも，同じ調査方法で継続して調査をつづけていると，その道の専門家が見落とすような社会状勢の変化が浮かびあがり，これを通してより正確な予測ができるからである．

調査データは社会を示すメータの読み

国民経済の規模を示す物指しにGNP（国民総生産）があり，国民福祉を示す指標としてNNW（Net National Welfare 純国民福祉）がある．これらは指標であり物指しである以上，国民生産，あるいは福祉のすべての面を正確に示しているわけではなく，一面しか物語っていない．具体的にはNNWを高めるために福祉政策を進める

ことはまず考えられない．たとえば老人を健全に生活させる方策を考えるとか，保育所を増設するなど，誰もが求める福祉を高めるための具体的な方策をとることが第1で，その結果としてNNWが高くなるはずである．そしてNNWをあげるような政策を長期的にとるには，GNPも結果的にあがるような政策をとらなければならない．NNWだけが高くなるようであれば，いずれ財政難から高福祉政策は実際上破たんしてしまうし，NNWが低くGNPだけが高くなるようなら，個々の国民の犠牲において全体の生産があがっているのであって，必ずその反動がくるだろう．つまりGNPとNNWのバランスのよいことがその時の政策の適切さを物語っているわけである．

このように指標というのは，それ自体を操作してあげさげすることを目的とするものではない．ある政策，あるいはある企業戦略をとった場合の裏づけとしての意味を持つものである．そして社会調査の結果は，このような社会の状況を示すメータの読みにほかならない．国の政策はその国の社会の将来を左右し，経営戦略はその企業のあすを決める．政治家や経営者の役割は，常に安定した発展を目標として進めるように具体的な方策を打ち出してゆくことにある．これは「社会というものの予測と制御」という試行錯誤のプロセスそのものである．調査により願望，要望をさぐり，政策を決めて押し進める．その際，その方策が正しい方向を向いているかどうか，そしてまた試行錯誤の幅が小さく，よい方向に向って安定操縦しているかどうかを

知るための物指しの目盛り,メータの読みとして,いろいろの社会調査の結果を読み,活用してゆけばよい.逆にいえばいつも調査データを案じながら,政策や経営方針を決め,あるいは軌道修正を行ってゆくのが,調査の上手な使い方といえる.これを専門的には,最適過程制御実施のための「メータの読みの働き」という表現をする.

 10年,20年の長期の需要予測を行い,それにもとづいて工場建設計画を考える,ということがかつてよく行われた.しかし10年先の予測もむずかしいし,20年先の需要予測は絶対といってよいくらい当たらない.昭和39年当時,その時から20年後の昭和59年つまり現在の需要動向をぴったり当てた予測はないはずである.というのは現代のような変化のはげしい時代では,20年の間に社会を動かす要因がすっかり変わってしまい,前に述べた調査で明らかになるある特定の関係の恒常性が,なくなってしまうからである.

 それなのに現実には長期の需要予測は相変わらず行われている.当たるはずのない予測をなぜするのか? それは長期の需要予測は実際に当たらなくても,一つの情報として活用できる道があるためである.

 現在できる予測は,過去の調査で明らかになった関係が将来,変わらないだろうという前提に立っている.したがって長期の需要予測は,今のような条件がつづくとすると将来こうなるにちがいないという形にならざるを得ない.

この予測される傾向が好ましいものであれば，それをさらに助長させる方向で経営計画をたてればよいし，その予測が好ましくない傾向を示していれば，それを変えるような計画をたてればよい．つまり長期需要予測は，実際に将来そうなるとは毛頭考えないで，計画をたてるうえでの一つの情報として活用するのが，需要予測の正しい使い方である．

ここで社会調査の結果が，政策を決めるための情報の一つとして用いられるのであれば，世論調査などの社会調査は，社会を管理・統制することになるのではないか，という批判が出てくる．たしかに政策にしても経営方針にしても，何らかの目的を持ち，社会なり企業の方向なりを変えることをねらいとする．問題はどういう立場に立ってその目標を設定するかである．社会調査は目標をたてるための重要な情報を提供するものの，目標そのものを与えるわけではない．

得られた調査結果をもとに，どんな目標をたてるかは政治家や経営者の考えにかかっている．政治の面でいえば，できるだけ多くの人が満足のゆく社会をつくりあげることを目標とするか，あるいはある特定の主義の実現を優先させるか，という目標設定は，社会調査の範囲ではなく，イデオロギーの世界のことになる．経営の面でいえば，短期利潤の最高実現を目標とするか，あるいは長期的に企業の社会的基盤を確立することを目標とするか，といったことなどがある．これほど大げさなことでなく，もう少し身近

なことの目標設定を行ってもよい．

いずれにしても目標はちがっても，目標をたて，それをスムーズに実行するための方法の一つとして，社会調査が役立つことは同じである．その目標の内容や政策実施の手段のあり方によって，「世論操作の恐れがある」という批判が出ることもあるだろうし，「みんなの利益のために多くの意見をすいあげた」と評価されることもあるだろう．何度もいうように，社会現象のすべての面を正しくとらえることはとてもむずかしい．しかし，社会調査の結果は他の方法では知り得ない世の中のある重要な局面を示す一つの重要な指標であることは間違いない．調査の性格をわきまえてそれを正しく使うことが，社会調査の倫理でもあり論理なのである．

関連参考図書

1. 社会調査の基本的な教科書風のもののうち私の好みとしてあげる．
   『統計調査技術——需要予測のための調査技術』鈴木達三，丸善出版
   『社会調査法』西平重喜，培風館
   『市場調査の計画と実際』林知己夫・村山孝喜，日刊工業新聞社
   『実例による市場調査の手引き』林知己夫・村山孝喜，日刊工業新聞社
   『統計調査ハンディブック』村山孝喜，日刊工業新聞社
   『世論調査の現状と課題』輿論科学協会編，出光書店
   『社会調査の基本』「現代人の統計 3」，杉山明子，朝倉書店
2. 統計数理の基礎的考え方に関するもの
   『数量化の方法』林知己夫，東洋経済新報社
   『データ解析の考え方』林知己夫，東洋経済新報社
3. 本書の参考・補足となるもの
   『日本人研究三十年』林知己夫，至誠堂
   『日本人研究 4 世論とは何か』至誠堂，のうち「世論をどうつかまえるか」林知己夫

『日本人研究 6　日本人の政治感覚』林知己夫・馬場正人・岡本宏，至誠堂
『科学と常識』林知己夫，東洋経済新報社
『計量感覚——役立つ情報をつかみ出すために』林知己夫，プレジデント社

解説 データの科学の真髄

吉野諒三

「統計数理」から「調査の科学」へ

戦後日本の実践的統計学の歴史は，林知己夫の人生とかなり重なる．戦時中に設立された機関が次々と廃止されていく中で，統計数理研究所（開所1944年）は占領軍からむしろ好意的な反応を受け，民主主義を発展させるために官民学の各種統計調査の指導的役割を担うことになった．ライスリポート（1947）の「独立した統計学科の設立」勧告の流れの中で，理論と実践を結びつける意義で統計数理研究所では社会科学研究部が新設された．陸軍航空総軍司令部で終戦を迎えた林は，東大数学科を経て，入所後，同研究部に配属され，世論調査や選挙予測等で日本をリードしてきた．この間に「統計数理」という実践的哲学を盟友，水野坦（後に総理府統計局参事官）らとともに生みだしていったのである．この「統計数理」は現実から遊離した数理統計学に反発して生まれたものであり，これがやがて「数量化理論」（林他，1953；森本，2005）［後述〈参考文献〉参照，以下同様］，70年代からの「行動計量

学」(林, 1993a), 80年代からの「調査の科学」,「多次元データ解析」(林・飽戸, 1976), そして今日の「データの科学」(林, 2001) へと実践的統計哲学の発展を見るのであった.

戦後の各分野の統計学をリードしてきた林は, 中でも戦後の日本の民主主義を発展させるための科学的世論調査の指南役であり, それが『調査の科学』として結実している. その象徴となったのが, 1984年発刊の本書であった. もとは, サラリーマンが通勤電車でも気軽に読める講談社ブルーバックスというシリーズの1冊であった. 高邁な標本抽出理論の上に立つ調査理論を, 質を落とさず気軽に読めるようにするのは至難の業であるが, 林は実践的調査の視点から, これに成功している. 筆者も, 政府の研修会等で, 短時間に高度の内容を平易に講義するのに適書として使用している. しかし, 近年の出版事情で良書でもすぐに廃刊されてしまうことが多く, 本書も図書館か古本屋で偶然見つけるしか手がなくなってしまっていた. 今回, 筑摩書房より再刊された本書は, 実証的証拠に基づく政策立案や医療がうたわれる今日, 再び広く各方面で読まれることになるであろう.

一見, 平易に書かれているため, 深遠な意味のある事柄も安易に読みすごされてしまうのではというのが, 文庫編集部の懸念であり, 本書のポイントを明示し, 読者に十分な注意を促すために適切な解説を補えというのが, 私に与えられた課題であった.

本書の視点——「理論」と「歴史」と「実践」の三位一体

　まず，本書の真髄は，戦後の民主主義発展という歴史を背負って黎明期から調査関係者をリードし，調査の理論と実践を知り尽くした林の「実践的調査理論」にある．この歴史と理論と実践が三位一体となり，現実の社会の課題解決のための研究が可能となったのである．近年，社会調査の教科書が増えているが，その多くは歴史の真相や理論の深層，調査の現場を知らぬ著者によるものである．その証拠は，それぞれの書籍で「ユニバース」，「母集団」，「標本」が本書のように適正に区別されているかを確認するだけでもすぐに分かるであろう．

歴史と実践——戦後民主主義のための「科学的世論調査」

　本書の序章は戦時中のオペレーション・リサーチに触れることから始まっている．林が若き日に従事した航空総軍司令部の仕事は，多くの日本人の生命に直結したものであった．戦争を生き残った人間が，生と死への思いを常に胸に抱き，その緊張を持って平時の民生において，世論調査，政府の調査統計，市場調査，医療公衆衛生調査など，政治，経済，社会の発展に直結した具体的な課題に対峙することになる．第1章「社会調査の論理」は，こういった林の実践哲学が背景にある．

理論と実践——標本抽出理論と民主主義

　第2章「調査の基本」は，以下のような歴史的背景が

ある．

　戦後の占領下（1948年）で「日本人の読み書き能力調査」が遂行された．これは，日本の占領に携わったGHQ/SCAPの指示で，文部省のもと，統計数理研究所の研究者を含め，関連分野の研究者が集合し遂行された学際的研究であった（読み書き能力調査委員会, 1951）．この調査の背景には，漢字使用が日本人の初等・中等教育に困難を生じ民主主義の発展を阻害しているのではないか，日本の公用語をローマ字語化すべきという議論があり，米国からの教育視察団が報告を出している．この問題について言えば，当時の占領軍は彼らの考えを直ちに押しつけたのではなく，信頼できる日本人研究者に科学的な標本抽出調査を遂行させ，その結果をみて，事を進めるという民主主義の大義を守った．

　この調査に携わった人々は，GHQ/SCAPの中のCIE（民間情報教育局）から入手した本を勉強し，日本の状況に則した標本抽出計画を練った．実証的検証のために，神奈川県小田原市で成人全員を調べ，その回答者全体の調査票の束から一部を統計的に無作為に取り出し，それから計算される「推定値」と本当の「全体の値」とを比べ，理論の有効性を確認した．実は，「標本抽出理論」自体は，すでに大正13年亀田豊治朗の先駆的研究があり，当時，関東大震災の被害調査などに用いられたものの，世論調査には結びつかなかった．どんなにすばらしい理論も，世の中の問題解決の実践と結びついて初めて発展するという重要

な教訓を示している.

この成果は,さらに戦後民主主義を発展させる基盤として,政府やマスコミが「科学的世論調査」を推進させることにもつながっていった.戦後,長年にわたり「日本の民主主義は民主主義ではない」という欧米からの批判があったが,整備された住民基本台帳や選挙人名簿が活用できる日本は統計理論上からは理想に近い標本抽出が可能で,世論調査の方法論に関しては世界で最も民主主義的であるといえる.

このような背景から,日本の戦後の統計調査は始まったのであり,それに基づく実践的用語の区別が重要である.

たとえば,「ユニバース (universe)」と「母集団 (population)」と「標本 (sample)」の3つの概念は区別されながらも,1セットで考えるのが調査の基本として重要である.多くの社会調査の書籍は母集団と標本の区別に触れることから始まっているが,ユニバース(対象集団)と母集団の区別については,本書のように正確な区別ができていない.林の弟子でもある杉山 (1984, 2011) や林文他 (1991) は,その数少ない例外である.一人一票の世論調査では,ユニバースと母集団の対応関係は固定されているので区別は不要として済ませることができたのかもしれない.しかし,今日,回収率の低下の問題などで世論調査のあり方,学術調査や市場調査の方法を再考することが重要となった状況では,その根本までに戻り,慎重に考えることが要求されている.

たとえば市場調査でも，世論調査のように日本人の成人全体を対象とすることもあろうが，日本人の成人全体の回答の集合を「対象」とすることと，それを「母集団」とすることは，意味が異なる．市場調査の場合，最終的には，性，年齢層，居住地区（大都市か地方か…）等の外的属性で特定される集団の嗜好を見いだすことで市場の戦略に結びつけるのが目的であるから，主要因となる属性について偏らず抽出されていることが必要十分である．そのため主要因の属性についての「割当法」などが用いられることも多いし，また，回収データのバイアス補正のために属性に関するウエイト調整や傾向スコアによる推定などが正当化されることもある．

学術調査でも，当該の調査対象について知識の蓄積がない探索的調査であれば，世論調査と同様の統計的無作為標本抽出が理想的であろう．しかし，当該の調査項目やテーマに関して影響を与える主要因を想定しているのであれば，統計的無作為標本抽出に固執し低回収率のデータを得るよりも，適切な属性に関する割当て法で主要因に関して十分なサンプルを得るほうが妥当である．最近の学術調査で少なからず，調査データの分析の困難を回収率の悪化のせいにしているのは責任転嫁であり，データの収集と解析のリテラシーの欠如の証拠である．

北方領土問題，今日再び
戦後より冷戦終了後のソ連崩壊を経て，北方領土をめぐ

る外交がさまざまに展開されてきたが,今日に至るまで解決を見ていない.その意味でも,第3章で取り上げられている昭和31年前後の北方領土をめぐる世論調査とその結果の急激な変化は,外交に関してとても示唆的である.

保守も革新も,日本人の全体が「領土問題など措いて,平和条約を結べ」という世論であった.当時の鳩山一郎首相,重光葵外相らが中心となり,複雑な交渉が重ねられ,一応,表面的には世論調査の結果に沿った条約となったはずであった.しかし,条約締結後,日本へ戻った政府首脳らが直面したのは世論の激しい反発であった.日露戦争終結時の日比谷焼打ち事件(1905年9月5日)をも思いおこさせる,世論と外交の複雑な問題であった.「民主主義を守るために最大限尊重すべき世論ではあるが,他方で外交のような複雑な事柄は,移ろいやすい世論に流されてはいけない」というのが,この教訓であった.(近年になり,実は,背後に冷戦初期の米国政府の日本世論に対するオペレーションがあったことが浮かび上がっているが,当時は知る由もなかった.)

今日,調査協力率の低下や回答者への接触の困難など調査環境悪化とともに,調査方法自体も質の低下が著しい.それにもかかわらず,小泉純一郎首相が世論を巧妙に味方につけて長期政権を維持して以来,かつてないほどに「世論調査」が不当なほどに力を持つようになってしまった.折しも,鳩山一郎の孫の由紀夫が首相となる時代にまでなったが,近年の幾代もの首相は世論調査の結果で首が挿

げ替えられてしまった形である．

政策立案に携わる政治家，官僚，学者は，本章の教訓を今一度，嚙み締める時である．

実践

第4章「調査実施の科学」は，「標本抽出誤差」の理論と「非標本抽出誤差」の取り扱いの実践に関する．標本抽出調査では，その統計量（回答の分布）の精度が標本サイズに応じて計算される．精度から考えると単純無作為抽出が理想ではあるが，調査のコストなどが高く効率が悪いので「多段抽出」を行うことが多い．他方で，人口密度や地域別産業分布等を考慮して「層別抽出」すると，手間はかかるが精度はよくなる．つまり，多段抽出と層別抽出は，コストと精度のトレードオフの中で，各調査の現場で判断し，設計するものである．標本誤差推定の定量的な理論はすべて，計画標本からの有効回収率が100%であることを想定しているが，回収率が100%ではない場合に関する簡単な考察は吉野（2006）にある．

さらに，現実には完全には防げない，調査員の勘違い，記録のミス，データのねつ造などの不正行為，データ入力の間違いなどの「非標本抽出誤差」も勘案しなければならない．本書では，調査の各段階での綿密な確認作業は前提とした上で，標本抽出誤差とおおよそ同程度の非標本抽出誤差を見込むことを示唆している（西平，1985；白倉，1992も参照）．

また，調査モードの差異や，理論上は同じ統計的無作為標本抽出でも，実践上の作業の差異（鈴木, 1964），調査機関による差異（機関の名前の効果等も含む），調査員のクセを含む調査員と回答者のパーソナリティのタイプ（青山, 1959；鈴木, 1964）などにも注意する．これらの研究は，統計数理研究所・調査研究リポートとして発刊されている（http://www.ism.ac.jp/editsec/kenripo.html）．内閣府政府広報室やマスコミ各社も実験調査研究を展開してきたが，それぞれの機関のノウハウとして蓄積され，多くの場合，その成果は公刊されてはいない．この事情が，調査の現場を知る専門家と，公刊されている書籍のみで勉強している学者との間に大きな差を生んでいる．

本書には，そのギャップを埋めるように，実践のノウハウがちりばめられている．

意識の国際比較

第5章「データ分析のロジック」は，1971年頃より海外の日系人をはじめ，海外の人々との比較調査へと拡張されてきた「国民性の国際比較調査」の成果が背景にある．

国際比較では，初めからまったく異なる国々を比較しても，意識調査では計量的に意味のある比較はむずかしい．言語や民族の源など，何らかの重要な共通点がある国々を比較し，類似の程度を測ることによって初めて統計的「比較」の意味がある．この比較の環を徐々につなぎ，比較の連鎖を拡張し，やがてはグローバルな比較も可能

になろう．この方針の下で「連鎖的調査分析（Cultural Linkage Analysis）」と呼ぶ方法論が確立してきた．

ハワイ日系人調査は海外調査として最初のもので，日本人とハワイ日系人の似ている点，異なる点が浮き彫りになることを想定していた．ところが，詳細に個々の質問に対する回答分布を比べたのだが，あまり大きな違いが見られず，調査は成功しなかったのかと危惧され，林は報告書が書けずに困った事態に追い込まれた．さまざまな思考をめぐらせた挙句に，「数量化3類」という多次元データ解析法を適用し，解決を見たのであった．端的にいうと，一つ一つの質問に対する回答結果だけではなく，複数の質問に対する幾つかの国・社会集団の回答データ全体を同時に考慮すると，明確なパターンが浮かび上がってくるということである．これを各国民や集団の「考え方の筋道」のパターンを観ると称する．このあたりの経験と成果が第5章で語られ，データの収集と解析の観点から「国際比較は意識調査の宝庫」と，林は強く認識している．

「調査の科学」から「計量的文明論」へ

第6章「調査結果をどう使うか」は，林が関与してきた市場調査，選挙予測，メディアの視聴率調査など各分野での調査研究の視点から書かれている．ここでは，『調査の科学』以降の林の調査研究の展開に触れておこう．

「調査の科学」の同時代の研究成果の主要な一つは，「お化け調査」（林, 1980）である．一見戯れたタイトルであ

るが，意識調査で，タテマエではなく心の深層構造まで踏み込んだ解析を試行する調査であり，「多次元データ解析」（林・飽戸，1976）の隆盛へと結実する．この成果は，原子力安全に関する住民調査（林・守川，1994）で，性別や年齢別という外的属性を乗り越えて，「合理派と非合理派」というパーソナリティの区別が，人々の意見の差異を色づけていることを明確にした．例えば合理派は，原子力についての科学的知識が豊富であるゆえに原子力発電に「強く賛成」，あるいはそのまったく逆に「強く反対」の意見をもつ．彼らを逆に説得しようとしても，本来の意見を強めるだけである．他方で，多くの人々はあまり強い意見はないが，万一，事故が起きマスコミが大きく報道するとそれに流されやすい傾向がある（非合理派）．

この人々の意識の分析における合理派・非合理派の視点は，90年代には「がん告知」という深刻な医療問題の解明につながる（日本癌病態治療研究会 QOL 班，1996）．同じような病状でも，一人の患者がある薬をある量飲み効いたとしても他の患者にも同様の処方が効くとは限らない．患者のパーソナリティまでも考慮した医療が肝要である．これは，がん患者への告知にも言える．90年代半ばまでは日本でも慎重に，この問題が検討されていたのに，いつのまにか米国流に告知が当然のようになってしまった．しかし，「合理派で告知を望まない患者にまで敢えて告知してしまうと，とんでもない悪影響が出かねない」という林の警告は届かなかったのか．がん細胞は減少させるが延命

にはつながらない抗がん剤が「効力がある」として，患者を副作用で苦しめている現状に，林の研究成果が生かせる道はないのか．林の共同研究者の東海大学・生越喬二氏と弟子たちがめざす「医療のカスタマー・メイド」の戦いは続いている．

他方で，国民性の国際比較は80年代半ばより鈴木達三，90年代初頭より吉野とともに「計量的文明論」（林，2000, 2001）へと発展してきた．吉野は，さらにこれを「文化の多様体解析」（吉野，2005；Yoshino他，2009, 吉野他，2010）として，東アジア価値観国際比較，環太平洋価値観国際比較，そしてアジア・太平洋価値観国際比較を展開させている．調査の実践理論は，林監修のもとで林の弟子たちを中心に「社会調査ハンドブック」（林編，2002）にまとめられている．大部の辞書のような形態ではあるが，調査の専門家たちは全てを読み通し，現場での実践マニュアルとして活用しているものも多い．

林は，惜しくも東アジア調査の中途，2002年に逝ってしまったが，林の見果てぬ夢は続き，次々と実現されているのである．

2011年春

（よしの・りょうぞう／
統計数理研究所・調査科学研究センター長）

参考文献

青山博次郎 (1959). 面接調査における偏りの統計的研究 I. 統計数理研究所彙報, 6, 2, pp. 125-146.

林文・佐藤良一郎・青山博次郎・林知己夫 (1991). 統計学の基本. 朝倉書店.

林知己夫 (1980). 日本人の意識の底を探る——オバケ調査. 数理科学, 18, 6, pp. 23-32.

林知己夫 (1993a). 数量化——理論と方法. 朝倉書店.

林知己夫 (1993b). 行動計量学序説. 朝倉書店.

林知己夫 (2000). これからの国民性研究——人間研究の立場と地域研究・国際比較研究から計量的文明論の構築へ. 統計数理 48, 1, pp. 33-66.

林知己夫 (2001). データの科学. 朝倉書店.

林知己夫編 (2002). 社会調査ハンドブック. 朝倉書店.

林知己夫・飽戸弘 (1976). 多次元尺度解析法——その有効性と問題点. サイエンス社.

林知己夫・守川伸一 (1994). 国民性とコミュニケーション. INSS Journal, No.1, pp. 93-135.

林知己夫・水野坦・青山博次郎 (1953). 数量化と予測. 丸善.

森本栄一 (2005). 戦後日本の統計学の発達——数量化理論の形成から定着へ. 行動計量学, 32 (1), pp. 45-67.

日本癌病態治療研究会 QOL 班 (1996).「日本人の心とガン告知」

西平重喜 (1985). 統計調査法 (改訂版)(1957 年初版出版) 培風館.

白倉幸男 (1992). 社会調査におけるメーキングとその問題点——非定型データの処理・分析法に関する基礎的研究, 平成 3 年度文部省科学研究費補助金・総合研究 A 研究成果報告書

(原純輔他編),pp. 215-228.

杉山明子 (1984).社会調査の基本.朝倉書店.

杉山明子編 (2011).社会調査の基本.朝倉書店.

鈴木達三 (1964).面接調査における回答誤差.統計数理彙報, 12, 1, pp. 149-159.

鈴木達三・高橋宏一 (1998).標本調査法.朝倉書店.

髙橋正樹 (2004).科学史と科学者——林知己夫氏公開インタビュー.行動計量学, 31, 2, pp. 107-124.

読み書き能力調査委員会編 (1951).日本人の読み書き能力.東京大学出版部.

吉野諒三 (2001).心を測る——個と集団の意識の科学.朝倉書店.

吉野諒三 (2005).東アジア価値観調査——文化多様体解析 (CULMAN) に基づく計量文明論の構築へ向けて.行動計量学, Vol. 32, No. 1, pp. 133-146.

吉野諒三 (2006).今世論調査が直面する壁——「歴史」と「理論」と「実践」.世論調査協会報, 97, pp. 31-36.

吉野諒三 (2009).「科学的」世論調査の価値——歴史と理論と実践の三位一体.日本統計学会誌, 37 巻 2 号, pp. 279-290.

吉野諒三・林文・山岡和枝 (2010).国際比較データの解析.朝倉書店.

Yoshino, R., Nikaido, K., & Fujita, T. (2009). Cultural manifold analysis (CULMAN) of national character: paradigm of cross-national survey. Behaviormetrika, Vol. 36, No. 2, pp. 89-114.

本書は、一九八四年六月二十日、講談社より刊行された。

新 物理の散歩道 第2集	ロゲルギスト	ゴルフのバックスピンは芝の状態に無関係、昆虫の羽ばたき、コマの不思議、流れ模様など意外な展開と多彩な話題の科学エッセイ。(呉智英)
新 物理の散歩道 第3集	ロゲルギスト	高熱水蒸気の威力、魚が銀色に輝くしくみ、コマが起ちあがる物理、身近な現象にひそむ意外な「物の理」を探求するエッセイ。(米沢富美子)
新 物理の散歩道 第4集	ロゲルギスト	上りは階段・下りは坂道が楽という意外な発見、模型飛行機のゴムのこぶの正体などの話題から、物理学者ならではの含蓄の哲学まで。(下村裕)
新 物理の散歩道 第5集	ロゲルギスト	クリップで蚊取線香の火が消し止められる? バイオリンの弦の動きを可視化する顕微鏡とは? 写真・図版多数。ごたえのある物理エッセイ。(鈴木増雄)
宇宙創成はじめの3分間	S・ワインバーグ 本間三郎訳	電子の発見に始まる20世紀素粒子物理学の考え方と実験の、具体的にわかりやすく解説したノーベル賞学者による定評ある入門書。
新版 電子と原子核の発見	S・ワインバーグ 小尾信彌訳	ビッグバン宇宙論にワインバーグが挑む! 開闢から間もない宇宙の姿を一般の読者に向けて明快に論じた科学読み物の古典。解題=佐藤文隆
空間・時間・物質 (上)	ヘルマン・ワイル 内山龍雄訳	ヒルベルトを数学の父、フッサールを哲学の母にもった数学の詩人ワイル。アインシュタインを超えて時空の本質を見極めた古典的名著。偉才物理的本質への訳者独自の見通しの下に、難解で知られる原書を嚙み砕いた、熱のこもった名訳。
空間・時間・物質 (下)	ヘルマン・ワイル 内山龍雄訳	ワイルの思考をたどる数理物理学の金字塔。

カオスとフラクタル	山口昌哉
力学・場の理論	E・L・ランダウ/E・M・リフシッツ 水戸巌ほか訳
量子力学	L・D・ランダウ/E・M・リフシッツ 好村滋洋/井上健男訳
統計学とは何か	C・R・ラオ 藤越康祝/柳井晴夫/栗栖正章訳
ラング線形代数学(上)	サージ・ラング 芹沢正三訳
ラング線形代数学(下)	サージ・ラング 芹沢正三訳
数と図形	O・H・ラーデマッヘル/O・テープリッツ 山崎三郎/鹿野健訳
新物理の散歩道	ロゲルギスト
新物理の散歩道 第1集(全5冊)	ロゲルギスト

カオスとフラクタル
ブラジルで蝶が羽ばたけば、テキサスで竜巻が起こる?──カオスやフラクタルの不思議をさぐる本格的入門書。

力学・場の理論
圧倒的に名高い「理論物理学教程」に、ランダウ自身が構想した「入門編」があった!。幻の名著「小教程」がいまよみがえる。(山本義隆)

量子力学
非相対論的量子力学から相対論的理論までを、簡潔で美しい理論構成で登る入門教科書。大教程2巻をもとにした新構想の別版。

統計学とは何か
さまざまな現象に潜んでみえる「不確実性」に立ち向かう新しい学問=統計学。世界的権威がその歴史・数理・哲学など幅広い話題をやさしく解説。(江沢洋)

ラング線形代数学(上)
学生向けの教科書を多数執筆している名教師による線形代数入門。他分野への応用を視野に入れつつ、具体的かつ平易に基礎・基本を解説。

ラング線形代数学(下)
『解析入門』でも知られる著者はアルティンの高弟だった。下巻では群・環・体の代数的構造を俯瞰する抽象の高みへと学習者を誘う。

数と図形
ピタゴラスの定理、四色問題から素数にまつわる未解決問題まで、身近な「数」と「図形」の織りなす世界へ誘う読み切り22篇。(藤田宏)

新物理の散歩道
7人の物理学者が日常の出来事のふしぎを論じ、実験で確かめていく。ディスカッションの楽しさと物理的思考法のみごとさが伝わる、洒落たエッセイ集。

新物理の散歩道 第1集
四百メートル水槽の端と中央では3ミリも違うと聞いて、地球の丸さと小ささを実感。科学少年の好奇心と大人のウイットで綴ったエッセイ。(江沢洋)

ベクトル解析	森 毅	1次元線形代数学から多次数へ、1変数の微積分から多変数へ。応用面をの重要性を軸に展開するユニークなベクトル解析のココロ。
対談 数学大明神	森 毅 安野光雅	数楽的センスの大饗宴！ 読み巧者の数学ファンと数学ファンの画家が、とめどなく繰り広げる興趣つきぬ数学談義。(河合雅雄・亀井哲治郎)
角 の 三 等 分	矢野健太郎解説 一松信解説	コンパスと定規だけで角の三等分は「不可能」！なぜ？ 古代ギリシアの作図問題の核心を平明懇切に解説し「ガロア理論入門」の高みへと誘う。
エレガントな解答	矢野健太郎	ファン参加型のコラムはどのように誕生したか。師アインシュタインと相対性理論、パスカルの定理などやさしい数学入門エッセイ。(一松信)
思想の中の数学的構造	山下正男	レヴィ=ストロースと群論？ ヘーゲルと解析学、ニーチェやオルテガの遠近法主義、孟子と関数概念……。数学的アプローチによる比較思想史。
熱学思想の史的展開1	山本義隆	熱の正体は？ その物理的特質とは？『磁力と重力の発見』の著者による壮大な科学史。『熱力学入門書としての評価も高い。全面改稿。
熱学思想の史的展開2	山本義隆	熱力学はカルノーの一篇の論文に始まり骨格が完成した。熱素説に立ちつつも、時代に半世紀も先行していた。理論のヒントは水車だったのか？
熱学思想の史的展開3	山本義隆	隠された因子、エントロピーがついにその姿を現わす。そして重要な概念が加速的に連結し熱力学が体系化されていく。格好の入門篇。全3巻完結。
数学がわかるということ	山口昌哉	非線形数学の第一線で活躍した著者が〈数学とは〉をしみじみと、〈私の数学〉を楽しげに語る異色の数学入門書。(野﨑昭弘)

書名	著者/訳者	内容
ゲームの理論と経済行動Ⅲ	ノイマン／モルゲンシュテルン 銀林／橋本／宮本監訳	第Ⅲ巻では非ゼロ和ゲームにまで理論を拡張。これまでの数学的結果をもとにいよいよ経済行動の解釈を試みる。全3巻完結。(中山幹夫)
π の 歴 史	ペートル・ベックマン 田尾陽一／清水韶光訳	円周率だけでなく意外なところに顔をだすπ。ユークリッドやアルキメデスによる探究の歴史に始まり、オイラーの発見したπの不思議にいたる。
やさしい微積分	L・S・ポントリャーギン 坂本實訳	微積分の計算法を全盲の数学者がイメージ豊かに解説。計算法を重ねて読み継がれる定番の入門教科書。練習問題・解答付きで独習にも最適。
フラクタル幾何学(上)	B・マンデルブロ 広中平祐監訳	「フラクタルの父」マンデルブロの主著。膨大な資料を基に、地理・天文・生物などあらゆる分野から事例を収集・報告したフラクタル研究の金字塔。
フラクタル幾何学(下)	B・マンデルブロ 広中平祐監訳	「自己相似」が織りなす複雑で美しい構造とは。その数理とフラクタル発見までの歴史を豊富な図版とともに紹介。上・下巻同時刊行。
位相のこころ	村田 全	和算の特質とは何か。西洋数学との決定的なちがいとは何か。互いの形成の歴史をたどりながら、洋の東西を問わぬ数学の本質を洞察する名著。
日本の数学 西洋の数学	森 毅	微分積分などでおなじみの極限や連続などは、20世紀数学でどのように厳密に基礎づけられたのか。「どんどん」近づける構造のしくみを探る。
現代の古典解析	森 毅	おなじみ一刀斎の秘伝公開！極限と連続に始まり、指数関数と三角関数を経て、偏微分方程式に至る。見晴らしのきく、読み切り22講義。
数の現象学	森 毅	4×5と5×4はどう違うの？きまりごとの深みへ誘う認識論的数学エッセイ。日常の中の数を歴史文化に探る。(三宅なほみ)

相対性理論(下)
W・パウリ
内山龍雄 訳

アインシュタインが絶賛して、研究を諦めてでも訳したかったと言わしめた、相対論三大名著の一冊。(細谷暁夫)

物理学に生きて
W・ハイゼンベルクほか
青木薫 訳

「わたしの物理学は……」ハイゼンベルク、ディラック、ウィグナーら六人の巨人たちが集い、それぞれの歩んだ現代物理学の軌跡や展望を語る。

幾何学基礎論
D・ヒルベルト
中村幸四郎 訳

20世紀数学全般の公理化への出発点となった記念碑的著作。ユークリッド幾何学を根源から厳密に基礎づける。

和算の歴史
平山諦

関孝和や建部賢弘らのすごさとは弱点とは。そして和算がたどった歴史の実際に迫る。和算研究の第一人者による簡潔にして充実の入門書。(鈴木武雄)

和算史上の人々
学術を中心とした
平山諦

和算の諸問題は手を動かせ! 関孝和、建部賢弘ら50人が挑んだ円周率、幾何図形、数値計算の問題を解いて和算の実際を知る。(鈴木武雄)

近代科学再考
廣重徹

体制化された近代科学はいかにして形成されたか。「物理学史」と「科学の社会史」両方のアプローチからその根源を問い直す。(西尾成子)

素粒子と物理法則
R・P・ファインマン/S・ワインバーグ
小林澈郎 訳

量子論と相対論を結びつけるディラックのテーマを対照的に展開したノーベル賞学者による追悼記念講演。現代物理学の本質を堪能させる三重奏。

ゲームの理論と経済行動Ⅰ
ゲームの理論と経済行動(全3巻)
ノイマン/モルゲンシュテルン
銀林/橋本/宮本監訳
阿部/橋本 訳

今やさまざまな分野への応用もいちじるしい「ゲーム理論」の嚆矢とされる記念碑的著作。第Ⅰ巻はゲームの形式的記述とゼロ和2人ゲームについて。

ゲームの理論と経済行動Ⅱ
ノイマン/モルゲンシュテルン
銀林/橋本/宮本監訳
銀林/下島 訳

第Ⅰ巻でのゼロ和2人ゲームの考察を踏まえ、第Ⅱ巻ではプレイヤーが3人以上の場合のゼロ和ゲーム、およびゲームの合成分解について論じる。

現代数学への道	中野茂男	抽象的・論理的な思考法はいかに生まれ、何を生むか？ 入門者の疑問やとまどいにも目を配りつつ、数学の基礎を軽妙にレクチャー。(一松信)
ニーダム・コレクション	ジョゼフ・ニーダム 牛山輝代編 山田慶兒ほか訳	中国科学史研究の大家ニーダムの思想を凝縮。天文学・工学・医学などのエピソードを手がかりに、東西を超えた科学像を構想する。(山田慶兒)
不完全性定理	野崎昭弘	理屈っぽいとケムたがられ、なるほどと納得させながらユーモアたっぷりに導いたゲーデルへの超入門書。
数学的センス	野崎昭弘	美しい数学とは詩なのです。いまさら数学者にはなれないけれどそれを楽しめたら…。そんな期待に応えたエッセイ風数学再入門。
トポロジー	野口 廣	現代数学に必須のトポロジー的な考え方とは？ 集合・写像・関係・位相などの基礎から、ていねいに図説した定評ある入門者向け学習書。
トポロジーの世界	野口 廣	ものごとを大づかみに捉える！ 数式に不慣れな読者との対話形式で、図を多用し平易・直感的に解き明かす入門書。(松本幸夫)
エキゾチックな球面	野口 廣	7次元球面には相異なる28通りの微分構造が可能！ フィールズ賞受賞者を輩出したトポロジー最前線を臨場感ゆたかに解説。(竹内薫)
数学の楽しみ	テオニ・パパス 安原和見訳	ここにも数学があった！ 石鹸の泡、くもの巣、雪片曲線、一筆書きパズル、魔方陣、DNAらせん…。イラストも楽しい数学入門150篇。
相対性理論(上)	W・パウリ 内山龍雄訳	相対論発表から5年。先行の研究論文を簡潔に引用批評しつつ、理論の全貌をバランスよく明解に解説したノーベル賞学者パウリ21歳の名論文。

新式算術講義 高木貞治

算術は現代でいう数論。数の自明を疑わない明治の読者にその基礎を当時の最新学説で説く。著者晩日の意欲作。

数学の自由性 高木貞治

大数学者が軽妙洒脱に学生たちに数学を語る！年ぶりに復刊された人柄のにじむ幻の同名エッセイ集を含む文庫オリジナル。「解析概論」の著者若き日の意欲作。（高瀬正仁）

無限解析のはじまり 高瀬正仁

無限小や虚数の実在が疑われた時代、オイラーが見ていた数学世界とは？ 関数・数論・複素解析を主題とするオリジナリティあふれる原典講読。

ガウスの数論 高瀬正仁

青年ガウスは目覚めとともに正十七角形の作図法を思いついた。初等幾何に露頭した数論の一端！ 創造の世界の不思議に迫る原典講読第2弾。

量子論の発展史 高林武彦

世界の研究者と交流した著者による量子理論史。その物理の核心をみごとに射抜き、理論探求の醍醐味を生き生きと伝える。新組。（江沢洋）

一般相対性理論 P・A・M・ディラック 江沢洋訳

一般相対性理論の核心に最短距離で到達すべく、卓抜した数学的記述で簡明直截に書かれた天才ディラックによる入門書。詳細な解説を付す。

ディラック現代物理学講義 P・A・M・ディラック 岡村浩訳

永久に膨張し続ける宇宙像とは？ 想像力と予言に満ちたディラック晩年の名講義が新訳で甦る。付録=荒船次郎

カンタベリー・パズル H・E・デュードニー 伴田良輔訳

『カンタベリー物語』の巡礼者たちが繰り広げるパズル合戦！ 数学と論理を駆使した114題の〈超〉難問。あなたはいくつ解けますか？

物理の歴史 朝永振一郎編

湯川秀樹のノーベル賞受賞。その中間子論とは何なのだろう。日本の素粒子論を支えてきた第一線の学者たちによる平明な解説書。（江沢洋）

書名	著者・訳者	内容
解析序説	小林龍一／廣瀬健／佐藤總夫	自然や社会を解析するための、「活きた微分」のセンスを磨く！差分・微分方程式までを丁寧にカバーした入門者向け学習書。
大数学者	小堀憲	決闘の凶弾に斃れたガロア、革命の動乱で失脚したコーシー……激動の十九世紀に活躍した数学者たちの、あまりに劇的な生涯。（笠原晧司）
確率論の基礎概念	A・N・コルモゴロフ 坂本實訳	確率論の現代化に決定的な影響を与えた『確率論の基礎概念』に加え、有名な論文「確率論における解析的方法について」を併録。全篇新訳。（加藤文元）
数学史入門	佐々木力	古代ギリシャやアラビアに発する微分積分学のダイナミックな形成過程を丹念に跡づけ、数学史の醍醐味をわかりやすく伝える書き下ろし入門書。
ブラックホール	R・ルフィーニ 佐藤文隆訳	相対性理論から浮かび上がる宇宙の「穴」。星と時空の謎に挑んだ物理学者たちの奮闘の歴史と今日的課題に迫る。写真・図版多数。
数学をいかに使うか	志村五郎	「何でも厳密に」などとは考えてはいけない」。世界的数学者が教える「使える」数学とは。文庫版オリジナル書き下ろし。
もりやはやし	四手井綱英	日本の風景「里山」を提唱した森林生態学者による滋味あふれるエッセイ。もりやはやしと共存した暮らしをさりげない筆致で綴る。（渡辺弘之）
通信の数学的理論	W・C・E・シャノン／W・ウィーバー 植松友彦訳	IT社会の根幹をなす情報理論はここから始まった。発展いちじるしい最先端の分野に、今なお根源的な洞察をもたらす古典的論文が新訳で復刊。
幾何物語	瀬山士郎	作図不能の証明に二千年もかかったとは！柔らかな発想で大きく飛躍してきた古典幾何学の不思議な世界を探る。図版多数。

書名	著者/訳者	紹介
ヨハネス・ケプラー	アーサー・ケストラー 小尾信彌/木村博訳	混沌と誤謬の中で生まれたケプラー革命とは？ 占星術と近代天文学に生きた創造者の思考のゆれと強靱さを、ラディカルな科学哲学者が活写する。
ゲーテ形態学論集・植物篇	木村直司編訳	花は葉のメタモルフォーゼ。根も茎もすべてが葉である。『色彩論』に続く待望の形態学論集。文庫版新訳オリジナル。図版多数。続刊『動物篇』。
ゲーテ形態学論集・動物篇	木村直司編訳	多様性の原型。それは動物の骨格に潜在的に備わる「生きて発展する刻印されたフォルム」。ゲーテ思想が革新的に甦る。文庫版新訳オリジナル。
ゲーテ地質学論集・鉱物篇	木村直司編訳	地球の生成と形成を探って岩山をよじ登り洞窟を降りる詩人。鉱物・地質学的な考察や紀行から、新たなゲーテ像が浮かび上がる。文庫オリジナル。
ゲーテ地質学論集・気象篇	木村直司編訳	雲をつかむような変幻きわまりない気象現象を統べるものは？ 上昇を促す熱と下降を促す重力を透視する詩人科学者。ゲーテ自然科学論集、完結。
新幾何学思想史	近藤洋逸	非ユークリッド幾何学の成立になぜ二千年もの時間を要したのか。幾何学の理論的展開に寄与した哲学的・社会的背景に迫る。（好並英司）
幾何学入門（上）	H・S・M・コクセター 銀林浩訳	著者は『現代のユークリッド』とも称される20世紀最大の幾何学者だ。古典幾何のあらゆる話題が詰まった辞典級の充実度を誇る入門書。
幾何学入門（下）	H・S・M・コクセター 銀林浩訳	M・C・エッシャーやB・フラーを虜にした著者が見せる、美しいシンメトリーの世界。練習問題と充実した解答付きで独習用にも便利。
和算書「算法少女」を読む	小寺裕	娘あきが挑戦していた和算とは？『算法少女』のもとになった和算書の全問をていねいに読み解く。（エッセイ 遠藤寛子、解説 土倉保）

書名	著者・訳者	内容
ガロア理論入門	エミール・アルティン 寺田文行 訳	線形代数を巧みに利用しつつ、直截簡明な叙述でガロア理論の本質に迫る。入門書ながら大数学者の卓抜なアイディアあふれる名著。(佐武一郎)
情報理論	甘利俊一	「大数の法則」を押さえれば、シャノン流の情報理論はよくわかる！シャノン流の情報理論から情報幾何学の基礎まで、本質を明快に解説した入門書。
偉大な数学者たち	岩田義一	君たちに数学者たちの狂熱を見せてあげよう！ガウス、オイラー、アーベル、ガロア……。少年たちに数学への夢をかきたてた名著の復刊。(高瀬正仁)
数学のまなび方	彌永昌吉	「役に立つ」だけの数学から一歩前へ。「数学する心」に触れるための、とっておきの勉強法を大数学者が紹介。(小谷元子)
ゆかいな理科年表	スレンドラ・ヴァーマ 安原和見 訳	えっ、そうだったの？ 教科書が教えない数学や科学技術の大発見大発明大流行の瞬間をリプレイ。ときにニヤリ、ときになるほどとうならせる、愉快な読みきりコラム。
初学者のための整数論	アンドレ・ヴェイユ 片山孝次／田中茂／丹羽敏雄 訳	古くて新しい整数の世界。フェルマー、オイラー、ガウスら大数学者が発見・証明した整数論の基本事項を現代的アプローチで解説。
シュタイナー学校の数学読本	ベングト・ウリーン 丹羽敏雄／森章吾 訳	中学・高校の数学がこうだったなら！ フィボナッチ数列、球面幾何など興味深い教材で展開する授業十二例。新しい角度からの数学再入門でもある。
算法少女	遠藤寛子	父と和算を学ぶ町娘あきは、算額に誤りを見つけ声を上げた。と、若君が……。和算への誘いとして定評の少年少女向け歴史小説。
算数の先生	国元東九郎	7164は3で割り切れる。それを見分ける簡単な方法があるという。数の話に始まるふうの小学校高学年むけの世評名高い算数学習書。(板倉聖宣)

ちくま学芸文庫

調査の科学

二〇一一年五月十日　第一刷発行

著　者　林知己夫（はやし・ちきお）
発行者　菊池明郎
発行所　株式会社筑摩書房
　　　　東京都台東区蔵前二-五-三　〒一一一-八七五五
　　　　振替〇〇一六〇-八-四一三三
装幀者　安野光雅
印刷所　大日本法令印刷株式会社
製本所　株式会社積信堂

乱丁・落丁本の場合は、左記宛に御送付下さい。
送料小社負担でお取り替えいたします。
ご注文・お問い合わせも左記へお願いします。
筑摩書房サービスセンター
埼玉県さいたま市北区櫛引町二-一六〇四　〒三三一-八五〇七
電話番号　〇四八-六五一-〇〇五三
©SACHIO HAYASHI 2011 Printed in Japan
ISBN978-4-480-09369-1　C0141